Éditions DIASPORAS NOIRES

www.diasporas-noires.com

ISBN version numérique : 9782490931088
ISBN version imprimée : 9782490931095
Date de publication numérique : Mai 2020

Image de la couverture : Conçue en 2018 par Sathérou Seba et Mame Hulo pour le 1er Konvwa en Terre d'Afrique, cette image d'un homme avec ses chaines brisées, accompagné de sa femme qui revient par la mer, ici à Gorée, symbolise une victoire sur toutes les portes dites « du NON-retour » qui pullulent sur le Continent. Les descendants des déportés Africains sont de RETOUR et cela est une réparation majeure !

RÉPARATIONS

Une exigence urgente pour l'Humanité

LIVRE COLLECTIF INTERNATIONAL

Marquant le 20éme

KONVWA BA REPARASYON

Mai 2020 en Martinique

Ouvrage coordonné par le MIR

(Mouvement International pour les Réparations)

Garcin Malsa & Mame Hulo

Avec l'aide précieuse de Myriam Malsa

RÉPARATIONS

Une exigence urgente pour l'Humanité

Philippe Bessière - Nita Brochant
Gladys Démocrite - Patricia Donatien
Reine Mère Dòwòti Désir - Claudette Duhamel
René Louis Parfait Etilé - Mame Hulo - Jacqueline Jacqueray
Apa Mumia Makeba - Garcin Malsa - Alain Manville
Rosa Amelia Plumelle-Uribe - Luc Reinette
Pr Coovi Rekhmiré - Louis Sala-Molins
Juliette Smeralda - Rodolphe Solbiac
Joby Valente

DIASPORAS NOIRES
Collection Racines

LISTE DES AUTEURS
(par ordre d'apparition des contributions) :

Garcin Malsa - Martinique

Président du MIR International

Mouvement international pour les Réparations

Claudette Duhamel - Martinique

Avocat et Vice-présidente du MIR

Alain Manville - Martinique

Avocat et membre du MIR

Pr Coovi Rekhimré - Benin

Égyptologue, Philosophe et Historien.

Spécialiste de la Traite Négrière européenne

Rodolphe Solbiac - Martinique

Maître de conférences, habilité à diriger des Recherches

Études anglophones caribéennes - Université des Antilles

Rosa Amelia Plumelle-Uribe - Colombie

Avocate et Historienne Colombienne

Ecrivain spécialiste des traites et de l'esclavage

René Louis Parfait Etile - Martinique

Égyptologue Martiniquais

Louis Sala-Molins - France

Professeur de philosophie politique, spécialiste des pratiques de l'inquisition romaine et des codifications de l'esclavage des Noirs

Mame Hulo (Guillabert) - Sénégal

Ecrivain, Directrice de Diasporas Noires Editions,

Membre du Mouvement Fédéraliste Pan Africain Ambassadrice Afrique du MIR

Philippe Bessière - Ile de la Réunion

Pour le Komité Rényoné Panafrikin & MIR Réunion

Nita Brochant, Jaklin Jacqueray, Luc Reinette - Guadeloupe

Le Comité de rédaction du CIPN Comité International des Peuples Noirs

Gladys Démocrite - Guadeloupe

Avocat - Membre du CIPN Comité International des Peuples Noirs

Sa Majesté la Reine Mère Dòwòti Désir Hounon Houna II Guely - Haiti/Benin

The AfroAtlantic Theologies & Treaties Institute

Juliette Sméralda - Martinique

Sociologue, écrivaine, chercheure

Apa Mumia Makeba (Benoît Bechet) - Guyane

Président de MIR Guyane

Patricia Donatien - Martinique

Professeur des universités

Université des Antilles

Joby Valente - France

Présidente du Mouvement pour une Nouvelle Humanité

Vice présidente du Collectif des Filles et Fils d'Africains Déportés

TABLES DES MATIÈRES

Introduction

Par Garcin Malsa

Président du MIR International
Mouvement international pour les Réparations

Depuis un peu plus d'une décennie, une soif bouillonnante de justice, d'Humanité, de vérité frappe à la porte des opprimés. Se dessine en même temps un rejet systématique de toutes les formes de dynasties déguisées en démocraties qui incarnent les idéologies néolibérales — oubliant que les mémoires des peuples, même dépouillés, n'arrivent jamais à disparaître, les défenseurs de cette idéologie ont attribué son existence et son développement au Monde Occidental.
Les peuples tournent de plus en plus le dos à tous ces dirigeants qui les avaient entrainés dans cette voie du néolibéralisme. Ce constat n'est-il pas une lassitude d'un monde éclaté construit des chocs des religions, de cultures, de civilisations. C'est en quelque sorte la fin d'un monde vieillissant déshumanisant sécrétant la mort, auquel on est en train d'assister.

Comme si les manifestations populaires violentes ou non révélaient les souffrances trop longtemps supportées par une planète mise à sac qui progressivement rentre en éruption.

Éruption de la planète, Insurrection des peuples — tel est l'état du monde finissant.

Puisque les peuples n'ont pas la même trajectoire historique, culturelle, sociologique ; il importe à nous Africains de la Diaspora et du Continent Afrique de mesurer, à la lumière des mutations culturelles, comment contribuer à la construction de ce monde à venir qui est possible, plus juste, plus humain, plus solidaire, placé sous le signe du vivant et de l'écologie.

C'est notre mission au Mouvement International pour les Réparations (MIR).

Avant de parler du MIR, permettez que j'ouvre une parenthèse pour rendre un hommage à un grand penseur panafricaniste dont les écrits ont certainement inspiré de nombreux panafricanistes, je veux citer **Anténor FIRMIN**.

Dans son livre « De l'égalité des races humaines » en réponse à GOBINEAU « De l'inégalité des races humaines », il démontre scientifiquement, avec des œuvres concrètes combien GOBINEAU avait sorti des thèses subjectives et racistes pour parler de l'être humain.

Il est aussi un visionnaire à l'adresse qu'il indique à Haïti dans ce même livre : « ... *Puisse ce livre inspirer à tous les enfants de la race noire, l'amour du progrès, de la justice et de la liberté ! Car en le dédiant à Haïti, c'est encore à eux que je l'adresse, les déshérités du présent et les géants de l'avenir.* »

Je me rends compte avec une certaine satisfaction, que les mouvements populaires contestataires de l'ordre colonial en Afrique, tel que le rejet du franc CFA, tel que la revendication de la souveraineté des États d'Afrique, la revendication foncière en Afrique du Sud... répondent aujourd'hui, plus de 135 ans après la sortie de « l'Égalité des Races », à l'Appel d'Anténor FIRMIN.

J'observe aussi que les manifestations de désobéissance civile conduites en Guadeloupe, en Guyane par des militants activistes l'état d'esprit souhaité par Anténor FIRMIN.

J'observe encore que les mouvements de boycott des centres commerciaux des propriétaires empoisonneurs des Martiniquais par les pesticides, notamment le chlordécone, sont en phase avec l'Appel d'Anténor FIRMIN.

Tout se passe comme si tous ces activistes, pour la plupart jeunes, organisés à leur façon, déchaînés contre les injustices faites à leurs peuples depuis plus de quatre siècles devenaient l'incarnation des souffrances cumulées depuis l'esclavage. Aujourd'hui c'est l'éclosion de ces souffrances en vertueuse insurrection.

À les voir en action, on ne peut s'empêcher de penser au serment du Bois Kaïman qui est une préparation spirituelle avant de partir au combat pour la victoire finale.

Quand les activistes appellent aujourd'hui à la convergence des luttes pour exiger justice et réparations, le MIR appelle à la Reconnexion pour que les Africains de la Diaspora et du Continent se rencontrent d'eux-mêmes et de manière volontariste.

Il y a ou il y a Reconnexion, il y a obligatoirement Convergence, il y a aussi Autoréparation.

Ces trois mots riment avec Réparation.

L'exigence de Réparation réclamée par le MIR est consubstantielle de la DÉCOLONISATION.

Ouvrant ainsi la porte à la SOUVERAINETÉ.

C'est donc la mission que le MIR s'est assignée depuis sa création. D'ailleurs bien avant le MIR, ses fondateurs avaient en 1992 interpellé l'occident lorsqu'ils inscrivaient leurs actions de Décolonisation dans la logique des 3 R : **Reconnaissance du crime, Réparation et Réconciliation.**

Ni prophétie, ni messianisme, ni hasard.

Les temps sont mûrs pour que nos Ancêtres fassent converger vers nous leurs énergies fécondes pour accéder à toutes les formes d'autoréparation qui ouvriraient la voie à la Réparation globale et intégrale. Celle-ci sera bénéfique pour pacifier l'ensemble de la planète et lui assurer le bien-être.

C'est pour cette raison que je lance cet appel à toutes celles et à tous ceux épris de justice et d'équité pour amplifier les actions du MIR et leur donner plus d'impact international.

En 2005, MIR Martinique a introduit une action contre l'État français visant la réparation du dommage résultant de la commission des deux crimes et la désignation d'un collège d'experts afin de prendre enfin connaissance de cette partie de l'Histoire mondiale refoulée.

Il était demandé une provision de 20 milliards d'euros et l'expertise du dommage par un collège d'experts.

Cette initiative judiciaire a été reçue à l'époque par des sarcasmes et n'a pas été prise au sérieux ni par les médias ni par l'État français.

Il s'agissait selon un consensus largement partagé d'une mauvaise plaisanterie.

La plaisanterie dix ans plus tard est devenue une des questions les plus sérieuses posées à l'État français et l'objet de multiples procédures judiciaires qui s'ouvrent sur tous les fronts, la demande formulée de 20 milliards d'euros à titre provisionnel en a, en effet fait sourire certains en 2005 qui rient jaune aujourd'hui.

Aujourd'hui plus de dix ans plus tard, l'État français a compris le sérieux de sa situation et le caractère juridique parfaitement fondé de ces procédures où les juges français ont été contraints de reconnaître, contre les dénégations scandaleuses et révisionnistes de l'État français quant à sa responsabilité, que ce dernier devait être tenu pour responsable de la commission des deux crimes, et que les demandeurs étaient recevables en leur action.

Mais ils n'ont pas eu le courage de la rigueur du droit et ont reculé quant à l'indemnisation.

Ils y ont opposé deux moyens, celui de la prescription et celui de l'exclusion par la Loi TAUBIRA de toute réparation financière. Appel a été fait du jugement du tribunal. La dernière juridiction française a confirmé en appel la décision de la première instance.

La Cour européenne des droits de l'homme vient au mois de févier 2020, de déclarer recevable la requête du MIR. C'est une première victoire pour le MIR et un camouflet pour l'État français.

Il est constant que les deux moyens invoqués par les juges et l'État ne résistent pas à l'analyse, que les crimes contre l'Humanité soient des crimes imprescriptibles sans exception ainsi que le droit consubstantiel à réparation qui y est intrinsèquement lié, que la Loi TAUBIRA ne peut exclure par nature tout droit à réparation financière des deux crimes sans violer les principes constitutionnels de la garantie reconnue à chaque victime à l'indemnisation et de la non-discrimination.

Sur le plan du droit, la bataille ne peut pas être perdue et c'est uniquement une question de temps pour contraindre les juges à appliquer la règle de droit et ordonner non seulement l'expertise, mais la condamnation de l'État français à réparer.

L'obtention de cette condamnation est juridiquement inéluctable, mais il faudra forcer la résistance idéologique des juges et leur peur matricielle de desservir les intérêts de l'État français qui sont leur préoccupation et souci principaux en bons fonctionnaires de ce dernier qu'ils restent.

MIR Martinique, qui a engagé ce combat il y a plus de 15 ans, a besoin de passer à une étape supérieure et d'élargir son champ d'action avec un outil efficace.

Cette nécessité se fait urgente alors même que la question de la réparation est devenue un thème médiatique et que ceux qui s'y opposent ayant compris qu'une telle question ne pouvait plus être refermée ont décidé de brouiller les cartes.

De nombreuses organisations ont ouvert leurs propres chantiers, mais où réparation rime avec réconciliation et exclut dédommagements financiers s'alignant sur la ligne de l'État français qui n'entend qu'une réparation mémorielle qu'il n'assume pas par ailleurs.

La question des deux crimes serait donc une simple question morale où il s'agit de faire devoir de mémoire.

Ces révisionnistes et idéologues serviles au service de l'État vont occuper de plus en plus le champ médiatique et le combat qu'a initié MIR Martinique doit se hisser à un autre niveau.

C'est la raison pour laquelle il a été décidé de créer un MIR International dont les membres fondateurs seront des personnalités internationales qui entendent que l'État français paye enfin sa dette aux ayants droit des victimes des deux crimes.

La création de cette organisation répond à la situation actuelle de la question.

Cette dernière a été portée auprès de l'ONU elle-même par plusieurs États souverains de la Caraïbe.

Certains chefs d'État dénoncent le système de domination et d'exploitation violente auquel l'occident soumet le continent africain. Le monde blanc et l'ensemble de ses institutions œuvrent en réalité à maintenir leur exploitation éhontée du monde.

La question de la réparation n'est pas seulement celle des deux crimes de l'esclavage et de la traite, la traite ayant été la forme la plus violente de cette exploitation que poursuit l'occident depuis 5 siècles sur l'autre partie du monde.

Elle concerne l'ensemble du monde qui a subi la domination de la civilisation occidentale construite suivant un modèle racialisé, réducteur, au sommet duquel l'homme blanc. Ce dernier s'érigeant en maître profiteur de l'exploitation de la planète et de ses écosystèmes, a entraîné des dérèglements et ses conséquences sur l'existence du vivant. Un monde intolérable.

L'heure a sonné pour que les peuples qui ont été exploités, expropriés de leurs richesses naturelles, réclament à ceux qui les ont pillés réparation de leurs forfaits. Le crime n'a pas été que la violence physique exercée, les génocides multiples et les millions de morts qui se dressent au bilan civilisationnel des sociétés occidentales.

La violence a été aussi et fondamentalement économique et politique.

Le crime a été aussi le pillage systématique et l'appropriation illicite de la richesse de l'autre à son seul profit.

La créance des peuples est gigantesque depuis 4 siècles. Au milieu de ce drame, l'Afrique a fait l'objet du plus grand pillage mondial que l'Humanité ait connu. Le débiteur n'est autre que l'occident lui-même…

Il faudra bien qu'un jour l'occident paye sa dette comme l'État français va avoir à payer pour la commission des deux crimes reconnus par la Loi TAUBIRA.

Le visage du monde va changer tout comme les rapports de force qui font que jusqu'à aujourd'hui les États nations sont des États serviles et soumis aux exigences et au pouvoir de l'occident.

L'occident devra rendre des comptes et ces comptes passent par la question de la réparation.

La question juridique portée devant les juridictions françaises ouvre donc la voie vers cette remise en perspective des rapports politiques qui continuent de perdurer et de maintenir la plus grande partie du monde en état de servilité.

Elle doit recevoir une publicité internationale, ladite procédure ayant elle-même une portée internationale : portée internationale, non pas seulement parce qu'elle constitue une première mondiale et un cas unique dans les systèmes des droits existants aujourd'hui sur la planète, mais parce qu'il s'agit d'une procédure qui concerne et intéresse l'ensemble de la Diaspora mondiale des Afrodescendants et l'ensemble des populations africaines, qui il y a plus de 5 siècles et pendant trois siècles ont servi de réservoir en force de travail pour le développement capitaliste des puissances européennes et nord-américaines.

Ce bois d'ébène a été la première ressource sur laquelle la richesse du monde occidental s'est constituée.

Il est aujourd'hui d'une urgence historique qu'une organisation dont le champ couvre l'ensemble de la planète soit créée et trouve les moyens financiers et les bonnes volontés pour mener ce combat de la réparation, dont le premier moment sont ces procédures qui réclament à l'État français réparation, mais dont l'objet est la mise en cause de la domination de l'occident sur le monde et le refus désormais des rapports de force auxquels la grande majorité de l'Humanité a été contrainte au seul profit de quelques-uns.

MIR Martinique doit grandir et créer un corpus politique à la hauteur de la question de la réparation, et cette hauteur est aujourd'hui de nature internationale, sinon mondiale.

La création d'un MIR international qui aura la capacité d'intervenir à cette échelle de réalité sera le meilleur garant pour que le combat commencé en 2005 contre l'État français puisse parvenir à ses fins, mais également que la question de la réparation puisse devenir la question vectrice de la politique mondiale du 21e siècle.

Si la question des droits civiques dans les années 60 aux États-Unis a fait avancer la cause des Noirs, elle n'a nullement résolu la question noire ;

Être Noir reste toujours aux États-Unis un état en lequel chacun est en sursis de mort violente.

La question de la réparation est une question indépassable, non intégrable, non ingérable pour le système actuel de domination mondiale parce qu'elle touche à son fondement : l'argent et la puissance que donne ce dernier.

Les réaménagements du pouvoir et de la richesse qui se sont opérés entre les pays pétroliers et l'occident n'ont rien changé à la logique du système, ces pays s'étant intégrés à son mécanisme et en s'en faisant l'un des principaux investisseurs.

L'occident en face de la question de la réparation et de la dette à régler ne pourra plus exercer sa domination. Sans argent, plus de pouvoir.

La création de MIR International élèvera donc le combat pour la réparation à sa véritable dimension historique, celle d'un promoteur d'une révolution dans les rapports de force institués par les puissances occidentales.

L'assassinat de KHADAFI n'est pas intervenu par hasard, mais uniquement parce que sa volonté de créer une banque africaine menaçait le système de racket du franc CFA et permettait d'échapper aux grandes banques internationales qui tiennent l'Afrique par une dette fictive.

Comment l'Afrique qui a été pillée pendant plusieurs siècles peut-elle avoir une dette envers celui qui lui a volé ses richesses ?!

C'est une évidence juridique qui pourtant n'est reconnue que par peu et une platitude du sens commun qui échappe pourtant totalement à ce dernier convaincu que l'Afrique puisse devoir quelque chose à l'occident.

L'occident a bien perçu le danger que représentait cette remise en question de la situation figée dans la soumission des États africains à des intérêts supranationaux.

MIR international sur le terrain de la problématique du bouleversement de l'ordre dominant du monde aujourd'hui aura pour tâche principale de permettre à l'action en réparation contre l'un des principaux exploiteurs criminels de la construction de la puissance occidentale d'aboutir et de contraindre l'État français à payer enfin la dette qu'il accumule depuis plus de 5 siècles.

La question de la réparation financière que l'État français se refuse avec obstination à envisager trouvera à travers l'action de MIR international un assentiment sinon un soutien positif de tous ceux qui sont conscients de ce qui a fait l'histoire de notre monde depuis plusieurs siècles : l'exploitation à outrance des dominés.

MIR International aura pour objet, outre de rendre visible et public au plan international le combat mené contre l'État français, d'œuvrer à ce que la Diaspora mondiale des ayants droit des victimes des deux crimes, puisse venir réclamer personnellement réparation à l'État français, seul état au monde qui est confronté à des moyens de droit permettant sa condamnation.

MIR International aura pour mission de travailler avec les États qui se sont déjà déclarés favorables à la question de la réparation par les anciennes puissances européennes des deux crimes, de participer à toutes manifestations qui seront tenues au plan international sur la question de la réparation pour faire entendre au monde la voix de ceux qui, après 2001, ont décidé de faire payer à l'État français les crimes qu'il a commis.

MIR international donnera donc à la question de la réparation sa dimension mondiale et cherchera à sensibiliser l'ensemble des responsables politiques des pays victimes de l'exploitation et de la domination de l'occident sur cette question primordiale à poser à l'occident, la question de la réparation de 5 siècles de pillages et de violences contre l'ensemble des pays dominés, soit les crimes commis par le colonialisme, système qui est venu se substituer à la traite et l'esclavage pour faire perdurer une domination abusive du monde.

MIR International aura donc la haute tâche de reprendre au niveau international le travail opéré par MIR Martinique au niveau national en donnant à la question de la réparation sa vraie dimension historique et mondiale.

La réparation, une exigence de justice

Par Claudette Duhamel & Alain Manville

Avocats, Vice-présidente et Membre du MIR

La Réparation doit d'abord s'inscrire dans une vision de libération de la pensée et de l'homme qui implique une vaste entreprise de restructuration de l'humain déshumanisé et asservi.

Elle postule donc la réparation de l'humain dans sa dimension spirituelle et dans sa dignité d'être humain.

Elle doit être un outil au service de la libération totale et de l'épanouissement des Peuples d'Afrique et des Africains déportés et réduits en esclavage.

Pour les Peuples Afrodescendants de la Caraïbe la réparation est donc essentielle pour retrouver une véritable liberté, soit celle vraie, de l'esprit, ayant pouvoir d'énoncer une pensée qui soit le plus possible le fruit d'une délibération intérieure exempte d'aliénation.

Or pour beaucoup d'Africains et de Peuples de la Diaspora, une telle réparation ne peut être qu'une sorte d'utopie, car les crimes qui ont été commis ont engendré des souffrances et des atteintes aux personnes telles qu'ils ne peuvent en aucun cas être réparés.

Une telle analyse qui se veut objective est en réalité un refus de voir en face la réalité de nos peuples subissant encore les graves conséquences de ce système qui a duré, s'agissant de la traite transatlantique plus de 3 siècles.

Le retard de développement de nos pays lié à l'exploitation de nos ressources humaines et naturelles provient directement de ce système d'asservissement que furent la traite, la réduction en esclavage et la colonisation.

S'il est vrai qu'un humain touché avili au plus profond de lui-même en gardera toujours le souvenir, et en ce sens tout crime qui porte atteinte à la dignité d'un homme ne peut jamais être effacé, rien n'empêche cependant qu'il soit réparé.

Psychologiquement ces peuples empêtrés dans des démarches contradictoires souffrent et pratiquent la fuite en avant.

Si les crimes commis ne peuvent jamais être effacés, ils restent comme des plaies béantes dans la mémoire collective des peuples, et doivent être réparés.

Les Européens qui aujourd'hui tentent de les minimiser, ne peuvent cependant gommer des relents de culpabilité et de responsabilité qui les ont amenés à reconnaître officiellement ces crimes, tout en continuant d'adopter des attitudes agressives face aux Peuples noirs qui en sont les victimes.

Les descendants d'Africains déportés et les Africains qui tout en cherchant à ménager l'Europe du fait de leur situation de dépendance économique ne peuvent néanmoins oublier que c'est cette Europe qui est à l'origine de la situation dramatique qu'ils vivent.

EN 1985 se crée entre Martiniquais et Guadeloupéens des associations dont le CIPN sous l'impulsion de Martiniquais tel que Me MANVILLE, et G. MALSA et du Guadeloupéen LUC REINETTE et le défunt Bâtonnier RODHES.

La mise en mouvement d'actions devant conduire à la réparation a donc été enclenchée depuis plus de 30 ans **au travers de diverses actions visant à briser la mémoire collective officielle qui à la fois impose une vision de l'histoire à la gloire de la puissance coloniale et le refoulement de la question centrale de cette histoire ante et post esclavagiste, soit la question de la réparation**

Ainsi depuis ces années les voix de nos peuples vont s'amplifier au travers de nombreuses manifestations dont des marches silencieuses à Paris, la réalisation grâce à la volonté de l'ancien maire de la commune de Sainte-Anne d'un voyage triangulaire pour restituer la mémoire du crime aux jeunes et leur faire prendre conscience de la nécessité de s'impliquer dans un processus de réparation.

Ce convoi a eu lieu en 1998 entre Nantes, Gorée puis la Martinique à Sainte-Anne.

Le débat a été ainsi mis sur la place publique et c'est sous le poids de ce vaste mouvement que la France va adopter en 2001 la Loi reconnaissant la traite négrière et l'esclavage des Africains comme constituant un crime contre l'Humanité.

Mais si la France, a été forcée par l'histoire à la reconnaissance du crime, elle a tenu à s'assurer que cette reconnaissance n'implique pas la réparation, elle n'a donc organisé dans ce texte que l'édification de lieux de mémoire, l'inscription du sujet de la traite et de l'esclavage dans les livres d'histoire, bref des démarches qui tout en ayant le mérite d'exister restent inefficaces à réparer matériellement les ayants droit des victimes de ces deux crimes

Nous avons donc tenu à faire savoir à la France au travers de diverses actions symboliques, mais surtout par l'engagement de procédures judiciaires qui rappellent à tous, le fait incontournable que la Reconnaissance du crime implique nécessairement sa réparation matérielle, car refuser ce principe c'est continuer à dénier l'humanité de l'homme noir.

Ces actions ont été de nature symbolique, juridique et politique

Les actions symboliques se sont notamment traduites à compter de 2001 par l'organisation de konvwa pour la réparation sur des thèmes rappelant la nécessité pour nos peuples de rendre hommage à nos Ancêtres et de faire honneur à nos racines africaines et de renouer des liens entre la Diaspora et l'Afrique. En a été un axe principal.

Au travers ce convoi qui dure une quinzaine de jours du mois de mai de chaque année nous entendons faire comprendre aux Martiniquais qu'ils peuvent en s'ancrant dans leurs racines africaines retrouver l'élan vers la liberté vraie qui consiste d'abord à exiger le respect de leur dignité humaine.

Au plan politique le MIR a participé à de nombreux colloques internationaux qui se sont tenus dans la Caraïbe, aux États unis et en Europe. A cette occasion, nous avons noué des liens durables avec la Caraïbe en prenant place dans le mouvement pour les réparations lancé par la CARICOM.

Mais c'est au plan juridique que le MIR a enclenché une bataille importante pour faire reconnaître le droit à réparation des Afrodescendants.

En effet, depuis mai 2005 un collectif d'avocats a mis en place des procédures judiciaires devant les juges français pour les contraindre à condamner l'État français pour les deux crimes dont il a été un des auteurs principaux entre le XVe et la première moitie du XIXe siècle

Les actions de ce collectif vont s'appuyer sur la Loi du 21 mai 2001 aux termes duquel le parlement de l'État français, ancienne puissance esclavagiste qui avait organisé la traite négrière et la réduction en esclavage dans les Îles de la

Caraïbe de millions d'Africains déportés votait une loi aux termes de laquelle il reconnaissait que cette traite et cette réduction en esclavage constituaient un crime contre l'Humanité.

Cette loi est ainsi libellée « *la République française reconnait que la traite négrière transatlantique ainsi que la traite dans l'océan indien d'une part et l'esclavage d'autre part, perpétrés à partir du XVe siècle aux Amériques et aux Caraïbes, dans l'océan indien et en Europe contre les populations Africaines, Amérindiennes, Malgaches et Indiennes constitue un crime contre l'Humanité* ».

Ce texte a été adopté sous l'impulsion de nombreuses associations martiniquaises et guadeloupéennes, tels le CIPN et le MIR

Ce texte a donné lieu à de larges débats et à une forte résistance de beaucoup de parlementaires français qui craignaient que les descendants d'esclaves ne viennent à l'instar des juifs faire des procès en réparation de ce crime contre l'Humanité.

L'exigence de réparation ne fut donc pas mentionnée dans cette loi et l'État français pensait ainsi avoir simplement voté une loi dite mémorielle, c'est-à-dire sans aucune conséquence juridique quant à la nécessaire réparation du crime contre l'Humanité

Ce faisant l'État français restait dans la droite ligne de sa doctrine appliquée aux populations issues de l'esclavage, les Afrodescendants, dans ses dernières colonies et qui consiste tout simplement à ne pas leur reconnaître le droit à leur pleine et entière **humanité qui implique le droit à réparation contre des crimes qui portent atteinte à leur dignité.**

En effet, le crime contre l'Humanité constitue **une négation de la dignité inhérente à la personne humaine** ou au groupe de personnes qui ont été victimes de ce crime ;

Or, le respect de la dignité humaine ne doit souffrir d'aucune exception et s'impose aux autorités qui ont charge de la faire respecter, en l'occurrence les autorités judiciaires françaises.

L'adoption de cette loi allait ouvrir une voie pour la mise en place d'actions judiciaires pour la réparation, mais aussi pour le respect de notre humanité par les corps constitués français dont la justice ainsi que nous le verrons.

I – LES ACTIONS DEVANT UN TRIBUNAL CIVIL EN RÉPARATION CONTRE ÉTAT FRANÇAIS ORGANISATEUR DE LA TRAITE ET DE L'ESCLAVAGE

Il faut savoir qu'il existe de nombreux édits royaux organisant la traite négrière que l'État français a financée.

Par ailleurs, l'État français est allé jusqu'à codifier l'esclavage et ses avatars dans un texte terrible le Code Noir.

La lecture de ce texte est édifiante, et d'autant plus terrible que l'on fait croire qu'il a été pris pour empêcher les abus des maîtres d'esclaves.

Eu égard à ce rôle d'organisateur, et aussi de bénéficiaire de ces crimes, il paraissait logique d'attaquer l'État français criminel.

Une première action devant le juge civil a été intentée tout d'abord par le MIR et le CMDPA (conseil mondial de la Diaspora Pan Africaine en mai 2005 suivie ensuite de l'intervention volontaire d'un certain nombre d'Afrodescendants.

Dans le cadre de cette première action, il était demandé une provision de 200 millions d'euros et la désignation d'un collège d'experts composé de personnes spécialistes de la question dans divers domaines pour faire des propositions quant aux réparations.

Bien évidemment, l'État français a tout d'abord prétendu ne pas avoir été l'auteur du crime renvoyé aux actes et agissements des individus particuliers et opposé la prescription. Renonçant à denier sa responsabilité clairement désignée dans le texte de la Loi Taubira, il a cherche à échapper au juge judiciaire en plaidant la compétence du juge administratif.

En 2008, le juge de Fort-de-France a reconnu la compétence judiciaire, tout en alléguant que l'action conduite sous le signe de la voie de fait posait difficulté puisque ledit crime était, selon lui, à l'époque de sa commission, légal comme le Code Noir en faisait la démonstration.

Les demandeurs ont démontré que le Code Noir, texte illégal qui s'appliquait dans les colonies par un coup de force, puisqu'il n'avait pas été soumis par Colbert à « l'enregistrement » par le parlement de Paris comme l'exigeait le droit de l'ancien régime, n'avait pu légaliser un crime.

Devant les arguments développés par les demandeurs devant le tribunal, la Cour de cassation à l'occasion d'une procédure pénale a trouvé un moyen pour faire obstacle aux objections qui étaient faites au moyen de la prescription et à l'impossibilité d'exclure juridiquement de la Loi Taubira le principe de la réparation matérielle et financière des deux crimes qualifiés légalement de crimes contre l'Humanité.

Par une décision rendue le 13 février 2013, la Cour de cassation dans cette affaire opposant des associations de lutte contre le racisme à un descendant d'esclavagistes ayant fait l'apologie du crime contre l'Humanité, a énucléé la Loi Taubira en jugeant qu'elle constituait une loi mémorielle privée de portée normative.

Par ce moyen, la Cour de cassation, ne poursuivait qu'un seul but, priver l'action des demandeurs de son fondement juridique principal, la Loi TAUBIRA ainsi dépourvue de portée normative et donc dépourvue de toute efficience juridique ne pouvait plus servir de fondement à une demande de réparation et faire obstacle à l'argument majeur de la prescription opposé par l'État.

Il devait soutenir en outre que l'action était prescrite, qu'elle relevait d'un autre tribunal qui juge les litiges entre l'administration et les personnes privées, et enfin que la traite négrière et l'esclavage étaient légaux durant la période où elle a été pratiquée puisqu'elle n'a été abolie qu'en 1948.

La procédure devant le tribunal qui dura près de 9 ans et s'acheva par un rejet des demandes, le tribunal estimant que la demande faite à titre d'ayant droit des esclaves, était irrecevable parce que prescrite.

Dans ce jugement du 29 avril 2014 le tribunal admettait que les demandes des Afrodescendants faites à titre personnel et non comme ayant-droits de leurs aïeux étaient bien recevables comme non prescrites, mais les rejetaient faute par ces derniers, selon lui, d'avoir rapporté la preuve d'un rapport de causalité directe et certaine entre les faits dénoncés et les préjudices allégués.

Le tribunal n'a donc pas nié leur droit à réparation comme la décision de la Cour de cassation les y invitait. Il a simplement fondé sa décision sur la prescription de l'action estimant que ces derniers eu égard au temps passé ne sauraient justifier d'un préjudice suffisamment rattachable aux crimes subis par ceux de leurs Ancêtres qui ont été victimes de la traite ou de l'esclavage.

Appel de cette décision été interjeté par MIR et CMDPA et les demandeurs Afrodescendants.

Dans un arrêt en date du 19 décembre 2017, la Cour d'appel de Fort-de-France devait confirmer le jugement, mais sur d'autres fondements qui conduisent de façon paradoxale à légitimer juridiquement l'action en réparation des ayants droit des victimes décriée comme le résultat d'une bévue juridique ou d'une ignorance de ceux qui la conduisaient.

La Cour d'appel a estimé notamment que la prescription était acquise sur la base de l'argumentation suivante : les Afrodescendants pouvaient agir depuis le décret d'abolition de l'Esclavage en Martinique de 1848 qui reconnaissait que l'esclavage était un attentat contre la dignité humaine ; que si l'action a été suspendue du fait de leur situation matérielle et morale jusqu'à ce qu'ils aient été en mesure d'agir, ils ne rapportaient pas la preuve de l'empêchement qui se serait prolongé durant 100 ans et qui aurait fait obstacle à leur action. Ce serait poursuivi au-delà de cette période.

La Cour d'appel, par delà l'argument tiré de la réaction trop tardive des ayants droit intervenus seulement en mai 2005, soit plus de 57 ans après mai 1948 reprenait à son compte la jurisprudence opportuniste et politique de la Cour de cassation selon laquelle l'imprescriptibilité des crimes contre l'Humanité en droit français ne serait valable que pour les crimes nazis jugés par le Tribunal de Nuremberg et exclurait tous les autres crimes du fait de la non-rétroactivité de la loi pénale en droit interne.

Cette jurisprudence de la Cour de cassation avait été élaborée à la fin des années 80 pour préserver l'État français et certains de ses agents de poursuites pour les crimes commis en Algérie contre sa propre jurisprudence, cette fois conforme au droit international et au droit interne, établie dans les affaires Barbie et Touvier au sujet des crimes nazis. Elle est allée jusqu'à contester le caractère imprescriptible des crimes contre l'Humanité que furent la traite négrière et l'esclavage des Noirs au motif qu'aucun texte ne prévoyait un principe général de rétroactivité des lois destinées à poursuivre et punir les crimes contre l'Humanité.

La nouvelle argumentation de la Cour d'appel de Fort-de-France de 2017 destinée à faire obstacle à l'exigence de réparation repose cependant sur une erreur de droit quant au fardeau de la preuve puisque la Cour d'appel mettait à la charge des demandeurs en réparation la charge d'un fait qu'il incombait à l'État français de rapporter. Et à défaut de quoi l'État devait être condamné à réparer.

En effet, outre le fait juridique que ce n'est pas aux Afrodescendants demandeurs qu'il incombait de rapporter la preuve de la fin d'un empêchement à agir, la poursuite de cet empêchement se déduisait de toutes les prises de position officielle des plus hauts représentants politiques de la France ainsi que de la décision de la plus haute autorité juridique, la Cour de cassation elle-même qui par son arrêt du 5 février 2013 leur avait dénié tout droit à agir après la reconnaissance du crime par un texte législatif.

À ce jour on peut donc valablement considérer que l'empêchement n'est pas levé, sauf preuve contraire et impossible à rapporter concrètement par l'État français.

La Cour de cassation, saisie d'un pourvoi en cassation contre l'arrêt de Fort-de-France devait appliquer sa jurisprudence tendant à nous priver de tout droit à réparation.

Ainsi saisie d'une question prioritaire de constitutionnalité (QPC) sur la légalité de la loi, la Cour de cassation a refusé de transmettre cette question au conseil constitutionnel. Se substituant d'office à cette juridiction elle a estimé comme elle l'avait déjà fait dans sa fameuse décision du 5 février 2013 que la loi n'ayant pas de portée normative ne pouvait donc, outre de servir de fondement à une action en justice, mais surtout violer un principe constitutionnel.

Cette décision sur QPC de la Cour de cassation s'inscrit dans la ligne de défense des intérêts de l'État français dont l'arrêt rendu le 5 février 2013 a été la formulation exemplaire, ce dernier n'ayant eu pour seule finalité que de donner un coup d'arrêt à toute demande de réparation sur le fondement de la Loi TAUBIRA considérée comme une coquille vide.

Le MIR et un certain nombre d'Afrodescendants ont saisi La Cour européenne de Justice de ce déni de justice en aout 2019.

Un second procès devant le juge civil a été intenté par le MIR et d'autres Afrodescendants tendant aux mêmes fins sur le fondement de la Loi Taubira.

Le jugement qui est intervenu le 4 avril 2017 se fonde essentiellement sur la jurisprudence de l'arrêt du 5 février 2013 pour juger que la Loi Taubira n'a pas de portée normative et qu'elle ne peut servir de base à des réparations financières ou à quelques actions en réparation de quelque nature que ce soit au profit des Afrodescendants.

Appel a été fait de ce jugement réitérant les premiers errements du tribunal en 2014 et ceux de la Cour de cassation au travers les décisions des juridictions civiles. En réponse à nos demandes en réparation, nous avons été à même de faire constater que l'État français qui proclame l'égalité des citoyens refuse toute idée de réparation des Afrodescendants victimes de la traite négrière et de l'esclavage alors qu'elle en a reconnu le principe pour les victimes des crimes nazis, donc pour les citoyens blancs juifs.

Que cet État refuse d'appliquer le principe général de droit que constitue la réparation qui doit s'applique dès qu'il y a une faute et un préjudice comme c'est le cas pour la traite et l'esclavage.

Qu'il refuse d'appliquer à la traite et à l'esclavage des Noirs la caractéristique incontournable d'imprescriptibilité puisqu'elle rejette à chaque fois les demandes sous prétexte qu'elles sont prescrites, que ce faisant la vision de la France qui est celle de l'Europe est toujours de considérer qu'il existe plusieurs races et partant qu'elles sont hiérarchisées de sorte qu'elles doivent avoir un traitement juridique inégal. Les crimes contre l'Humanité commis contre les juifs sont imprescriptibles tandis que ceux commis contre les Afrodescendants se prescrivent et ils ne peuvent plus être réparés de crimes dont les conséquences sont encore bien présentes.

C'est ainsi que l'État français qui proclame l'égalité des citoyens refuse de prévoir la réparation dans la Loi 2001 au motif que la Loi Taubira est mémorielle alors qu'elle affirme que la Loi Gayssot qui concerne les victimes juives des crimes nazis ne l'est pas.

Par nos demandes de réparation devant les juridictions françaises nous avons contraint l'État français qui se prétend être la patrie des droits de l'homme à retirer le masque et à montrer la face hideuse d'un néocolonialisme qu'il applique à tous les Peuples noirs de la Caraïbe et d'Afrique encore sous sa domination.

Cette volonté de ne pas réparer et le déni d'humanité de la France envers le Peuple Noir ont été également mis en évidence à l'occasion des actions devant les juridictions pénales intentées par le MIR en vue de faire sanctionner certains descendants d'esclavagistes qui, très présents et puissants en Martinique, ont pu faire l'apologie de ce système et de l'ancienne société esclavagiste.

Là encore les juridictions françaises œuvrant en Martinique ont protégé ces racistes en refusant de faire application de la Loi de 2001 qualifiant la loi comme non normative et ne pouvant donc servir de base au délit d'apologie de crime contre l'Humanité.

Saisie par le MIR d'un recours contre ces décisions discriminatoires, la CEDH (Cour Européenne des Droits de l'Homme) vient de déclarer en cette fin février 2020, ledit recours recevable, et une sanction de la France pour les manquements de ses juridictions civiles est plus que probable. En ce qu'elle ouvre enfin la voie à la mise en œuvre d'une véritable réparation pour tous les Afrodescendants, cette décision est historique et très importante pour l'ensemble de l'Humanité.

II LES ACTIONS DEVANT LES JURIDICTIONS RÉPRESSIVES POUR LE RESPECT DE LA DIGNITÉ DES AFRODESCENDANTS

La Loi de 2001 permet d'aller beaucoup plus loin dans la réparation des crimes contre l'Humanité subis.

Ainsi il y a un travail important de recherche à faire du côté des grandes sociétés situées aussi bien en Martinique qu'en France pour obtenir qu'elles réparent alors qu'elles ont bâti leur fortune sur le travail des esclaves.

Sur le fondement de la Loi de 2001, les avocats du MIR envisagent de prendre cette voie qui demande des recherches sérieuses qui ont donc un coût très élevé sans aucune mesure avec les ressources actuelles de cette association.

La Loi de 2001 nous a permis d'ores et déjà de faire un travail essentiel sur les consciences des Afrodescendants en s'attaquant à la doctrine qui continue de permettre à l'État français et aux descendants d'esclavagistes de maintenir le Peuple Noir dans une situation de non-droit à savoir celle de la créolisation.

Le travail du collectif est aujourd'hui d'exploiter en de multiples procédures la jurisprudence de la Cour de cassation sur l'empêchement à agir en multipliant les foyers de contentieux devant l'ensemble des juridictions françaises selon la stratégie du « un, deux, trois, cent, mille Vietnam ».

Cette vision du monde a été mise en œuvre par les Européens dont les blancs esclavagistes et appliquée aux esclaves pour faire perdurer l'esclavage puisqu'il fallait absolument faire accepter à l'esclave son sort d'esclave en l'amenant à se considérer comme faisant partie d'une autre espèce d'une autre race que celle du maître blanc, espèce inférieure puisqu'il était esclave et qui n'avait d'autre choix que celui de s'assimiler aux goûts du colon.

Cette thèse a été largement développée par les théoriciens européens pour justifier l'esclavage et en vue de permettre sa pérennisation.

La croyance en l'existence de plusieurs races est à la base du racisme, lequel est constitué non pas simplement quand on prône la supériorité d'une race sur une autre, mais tout simplement lorsque l'on considère comme vérité l'existence de plusieurs espèces humaines.

Dans notre univers post esclavagiste, la vision créole continue à poser comme postulat l'existence de plusieurs races et fatalement leur hiérarchisation laquelle justifie de fait le traitement juridique inégal qui nous est appliqué.

La Loi Taubira a donné l'occasion de saisir les juridictions répressives contre les tenants de cette idéologie créole qui constitue à l'évidence une apologie du crime contre l'Humanité, ainsi que nous le verrons. L'État français a parfaitement compris qu'il était attaqué dans la légitimité et la légalité même de la doctrine qu'il nous imposait et a cherché au moyen de sa plus haute juridiction à court-circuiter les effets de la Loi de 2001 qui permettait par le champ des procédures qu'elle ouvrait de combattre la théorie raciste de la créolisation.

En effet, sur le fondement de cette loi et d'autres textes interdisant l'apologie du crime contre l'Humanité des actions ont été entreprises pour faire condamner des descendants d'esclavagistes qui faisaient l'apologie de l'esclavage en valorisant la créolisation qui en était le support idéologique.

En effet, en complément de cette Loi de 2001 reconnaissant ce crime, nous disposons d'un arsenal de textes inclus dans la loi dite sur la presse qui réprime la contestation et l'apologie de crime contre l'Humanité.

Une première action a été entreprise devant le tribunal répressif par des associations luttant contre le racisme contre un descendant d'esclavagiste qui s'était permis sur les ondes de faire l'apologie de ce crime contre l'Humanité.

Le MIR devait quant à lui en 2010 puis en 2011 déposer deux plaintes contre un descendant d'esclavagiste et son association appelée “tous créoles” pour apologie de crime contre l'Humanité, ce dernier faisant l'éloge de la créolisation.

C'est donc à cette doctrine que se sont d'abord attaquées les associations qui ont traduit M. HUGUES DESPOINTES devant un juge répressif.

C'est à l'occasion de ce procès que l'État français via sa plus haute Cour de justice la Cour de cassation va tenter de couper court à tout procès en réparation engagé. Alors que dans cette affaire la Cour d'appel de Martinique devait reconnaître le délit d'apologie de crime contre l'Humanité, la plus haute Cour de justice française appelée Cour de cassation devait au terme d'un arrêt du 5 février 2013 casser cette décision et rendre un arrêt visant à rendre totalement inopérante la Loi de 2001.

En effet, la Cour de cassation estimait « *que si la Loi du 21 mai 2001 tend à la reconnaissance de la Traite et de l'Esclavage en tant que crime contre l'Humanité, une telle disposition législative ayant pour seul objet de reconnaître une infraction de cette nature, ne saurait être revêtue de la portée normative attachée à la loi et caractériser l'un des éléments constitutifs du crime d'apologie* ».

Dans cet arrêt la France par l'intermédiaire de sa plus haute juridiction indiquait à l'afrodescendant qu'aucune action intentée sur la base de la Loi Taubira ne pouvait prospérer

Nous nous sommes donc heurtés à cette position éminemment discriminatoire tout au long des procédures qui ont été entamées contre les propos apologétiques tant des descendants d'esclavagiste que des magistrats.

En effet, face à une telle violation de notre droit à la dignité, le MIR décidait de déposer une plainte auprès du procureur de la République contre les magistrats de la Cour de cassation ayant rendu une telle décision.

Ces magistrats ont été par la suite traduits devant le tribunal correctionnel de Paris, mais bien évidemment furent absous. La juridiction répressive devait aller plus loin puisqu'elle ne donna aucune suite à l'appel du MIR le dossier s'étant perdu entre le tribunal correctionnel et la Cour de Paris.

Dans cette plainte le MIR rappelait le caractère parfaitement normatif de la loi qui avait fait l'objet de plusieurs décrets c'est-à-dire de texte pris par le gouvernement pour l'application de la Loi.

Elle faisait observer que la loi avait modifié des articles de loi dont l'article 48-1 de la Loi du 29 juillet 1881 sur la liberté de la presse, en insérant après les mots : "*par ses statuts, de*", les mots : "*défendre la mémoire des esclaves et l'honneur de leurs descendants*".

Il était évident que la décision de la Cour de cassation était une décision de nature politique destinée à rendre inefficaces toutes les procédures intentées devant les juridictions tant civiles que répressives en réparation ou contre les propos des descendants d'esclavagistes et leurs partisans.

Les juridictions répressives devaient se sentir dans un premier temps confortées par la jurisprudence du 5 février pour rejeter toutes actions intentées sur le fondement de la Loi Taubira pour apologie du crime contre l'Humanité.

Ainsi sur une autre plainte déposée par le MIR auprès du Juge d'instruction de Fort-de-France pour apologie de crime contre l'Humanité contre un descendant d'esclavagiste lequel avait valorisé le système créole, le juge se fonda sur cette décision de la Cour de cassation du 5 février 2013 pour ne pas poursuivre ce dernier devant le tribunal.

Sur appel du MIR, la Cour d'appel confirma cette décision en rendant une décision des plus racistes dès lors qu'elle va se référer aux races et même aux "souches" humaines.

Le MIR a dû attraire tous ces magistrats devant des juridictions répressives estimant qu'ils faisaient à leur tour l'apologie du crime contre l'Humanité et bafouaient tous les textes français pris contre la discrimination, en se fondant sur leur conception créole et partant raciste du monde puisqu'ils avaient une vision plurale de l'Humanité selon laquelle il existe plusieurs natures humaines qui les amenait à nier que la dignité des victimes de l'esclavage des Noirs soit égale à celle des victimes de la Seconde Guerre mondiale.

Bien sûr nos actions n'ont pas abouti, mais elles ont eu un certain impact pudique puisque la seconde plainte déposée contre le même descendant d'esclavagiste n'a pas eu le même traitement le juge chargé de l'instruction ayant décidé de le renvoyer devant le tribunal correctionnel.

Ce qu'il faut retenir c'est que depuis ces différentes procédures plus aucun juge répressif en Martinique ne s'est fondé sur cet arrêt du 5 février 2013 pour refuser de poursuivre pour apologie de crime contre l'Humanité quand nous actionnons sur la base de la Loi de 2001.

Ce n'est finalement que le tribunal civil qui dans son jugement du 4 avril 2017 devait décider d'appliquer cette jurisprudence à l'occasion de la seconde procédure en réparation.

Cependant un constat s'impose, l'ensemble des actions judiciaires du MIR sont de nature à faire prendre conscience aux Afrodescendants de la non-reconnaissance par l'État français de leur droit fondamental à la dignité, puisqu'en refusant de manière obstinée de reconnaître leur droit à réparation, cet État n'hésite pas à se mettre hors la loi par rapport à sa propre législation.

Cette prise de conscience nous permettra de comprendre qu'il nous revient désormais d'impulser une véritable solidarité entre tous les Afrodescendants afin de faire un front commun et puissant pour rompre les liens de la domination

Le 22 Février 2020

Pour un tribunal international pour la réparation : le TIPR

Par Alain Manville

Avocat et membre du MIR

« Le problème du XXe siècle est le problème de la ligne de partage des couleurs ». Telle est l'intuition fondamentale de Du Bois.

Le problème du XXIe siècle sera celui de la réparation.

Susan SONTAG a eu la lucidité et le courage de dire l'essence historiale de notre temps. En ces mots d'une vérité violente, mais impitoyablement vraie : « La race blanche est le cancer de l'histoire humaine ».

Ces mots qui disent une vérité que peu veulent regarder en face, valent pour l'Europe, l'Europe dont elle pouvait également écrire » qu'elle était la responsable des plus grandes catastrophes de l'Humanité »

Cette qualité mortifère de l'Europe s'enracine dans son incapacité ontologique de voir l'autre comme un même, un soi, la conduisant alors à le réduire à l'élément d'une nature sauvage, champ infini d'expansion de sa volonté de puissance.

La mondialisation ou plus exactement la volonté de mondialisation qui porte l'occident et son idéologie dominante sont le produit de cette incapacité à penser l'autre, à échapper à la logique d'une pensée unidimensionnelle et totalitaire où tout est reconductible à une seule universalité, point qui n'est qu'une pure illusion d'optique, celle fondée sur l'oubli de la multiplicité des perspectives, règne de la pensée unique, mais aussi de la dictature de l'un, celui que l'occident définit de façon exclusive et sans partage.

Avec cette entame du XXIe siècle les choses ont basculé, d'un basculement qui s'annonçait déjà depuis la chute du Mur de Berlin, la fin des idéologies marxistes, la montée en puissance des nouveaux pôles économiques dans le monde, la Chine, L'inde le Brésil et loin derrière une Afrique frémissante, mais paralysée par les anciennes puissances coloniales, en tout premier chef, la France avec la poursuite accentuée de la Françafrique.

Déclin civilisationnel de l'occident, déplacement des lignes de force, réaménagement des équilibres, émergence de nouvelles donnes, modification de la configuration du monde et impasse des systèmes politico sociaux mis en place par l'occident dont l'Europe fait les frais de façon de plus en plus aigüe.

C'est dans ce contexte modifié depuis plus de 30 ans qu'a émergé avec force une revendication jusque là étouffée par le bruit du monde, un monde focalisé sur les questions des indépendances, sur les rapports Nord/Sud, sur la gestion mondiale des crises économiques, sur le narcissisme des États nations et leurs égoïsmes étroits, soit la revendication de la réparation : Réparation par l'occident de l'ensemble des crimes qui sont au fondement de sa réussite historique, de sa prise de domination du monde et de sa prétention à être l'aboutissement d'une histoire dont il accomplirait l'achèvement, fixant à l'Humanité l'âge d'or de son système de sens et de valeur.

À l'avant-garde de ce mouvement de bascule, le mouvement pour la réparation des crimes de la traite et de l'esclavage.

La réparation des victimes et ayants-droit des deux crimes de la traite et de l'esclavage, chose a priori évidente est toujours l'objet aujourd'hui d'une contestation qui s'enracine dans des positionnements qui n'ont jamais été questionnés ;

Une grande partie des juristes et de l'opinion publique estiment que la question de la réparation relève d'un faux problème et en tout état de cause relève d'une idéologie de dissidence avec les valeurs communes de la république et constitue une mise en cause dangereuse du vivre ensemble.

Poser la question de la réparation matérielle des deux crimes relèverait d'un régime victimaire mémorielle qui s'engluerait dans une idéologie anti républicaine.

Comme le relève Johann Michel, l'idéologie officielle enferme en effet la question de la reconnaissance des deux crimes dans un discours de la commémoration fondée sur l'idée d'un caractère irréparable du crime, à tout le moins pour les victimes du crime, les esclavagistes ayant été eux réparés.

« *Malgré des nuances sur lesquelles on ne peut s'attarder ici, force est de reconnaître que les commémorations officielles, d'un bout à l'autre de l'échiquier politique, honorent avant tout la grandeur de la République abolitionniste et la personnalité de Victor Schœlcher… Peu de choses seront dites au sujet des libérateurs noirs, du marronnage ou des victimes de l'esclavage colonial largement bannies des célébrations officielles. La reconnaissance de l'esclavage comme crime contre l'Humanité et la question d'éventuelles réparations morales ou financières ne font pas partie du « cadrage des politiques mémorielles en cette année 1998., la caractéristique principale du régime mémoriel abolitionniste républicain est de célébrer avant tout l'œuvre de la République dans le processus d'abolition.* « Esclavage et réparations ». Construction d'un problème public (1998-2001) Johann Michel, Dans Politique africaine 2017/2 (n° 146), pages 143 à 164

Sur le terrain juridique, la thèse est que la problématique de la réparation comme question de droit relève du contresens et se heurte à un double obstacle ; celui de vouloir ignorer qu'on ne peut réparer l'irréparable et le fait que la question est de l'ordre de la politique et de la morale et non pas du droit.

Le livre de G Garapon, « peut-on réparer l'histoire. Ed Odile Jacob » est l'analogon de cette conception des choses qui, poussée à l'extrême, conduit à un négationnisme non seulement du droit des victimes à la réparation, mais aussi pour finir à un négationnisme de l'essence criminelle du crime contre l'Humanité qu'ont été la traite et l'esclavage.

Pourtant cette négation de la nature juridique de la question du droit à réparation qui est devenue la vulgate des idéologues de la république a été démentie après plus de 14 ans d'un long combat judiciaire où l'État français avait été attrait devant les juges français en vue de se voir condamner à réparer, réparer au nom de son devoir de mémoire et réparer au plan matériel et financier.

Après que les juges aient opposé un certain nombre de moyens dont l'objet principal était de faire la démonstration qu'il ne pouvait y avoir raisonnablement une voie judiciaire pour obtenir la réparation juridique des conséquences dommageables des deux crimes (invoquant notamment et principalement la prescription de l'action et l'absence de portée normative de la Loi Taubira, loi excluant en tout état de cause le principe d'une réparation des deux crimes), la Cour d'appel de Fort-de-France a rendu un arrêt qui bien que déboutant les requérants de leurs demandes a reconnu l'existence de ce droit à réparation ainsi que l'existence de cette voie du juge judiciaire prétendument proscrite pour obtenir la reconnaissance de ce droit à l'encontre de l'État.

Elle déboutait les appelants au motif que bien qu'il y avait eu suspension du cours du délai de prescription, ces derniers auraient agi tardivement.

Cette décision a été validée par la Cour de cassation qui en a repris les motifs érigeant un jurisprudence dont la portée juridique décisive est qu'il existe bien un droit à voir les deux crimes réparés, que l'action en vue de cette réparation a vu le délai de la prescription de ce droit suspendu et qu'in fine dès lors que la preuve que la suspension du cours du délai de prescription s'est poursuivie au-delà de l'année 1948 serait rapportée, les demandeurs à la réparation seraient non seulement recevables, mais bien fondés en leur prétention.

En un attendu inattendu, la Cour de cassation a en effet estimé et jugé ce qui suit :

« Et attendu qu'après avoir énoncé que la Loi du 21 mai 2001 n'avait apporté aucune atténuation à ces principes et que l'action sur le fondement de l'article 1382, devenu 1240 du Code civil, de nature à engager la responsabilité de l'État indépendamment de toute qualification pénale des faits, était soumise à la fois à la prescription de l'ancien article 2262 du même Code et à la déchéance des créances contre l'État prévue à l'article 9 de la Loi du 29 janvier 1831, devenu l'article 1er de la Loi du 31 décembre 1968, la Cour d'appel a exactement décidé que cette action, en tant qu'elle portait sur des faits ayant pris fin en 1848 et malgré la suspension de la prescription jusqu'au jour où les victimes, ou leurs ayants droit, ont été en mesure d'agir,

était prescrite en l'absence de démonstration d'un empêchement qui se serait prolongé durant plus de cent ans ;
D'où il suit que le moyen n'est pas fondé ; »

La Cour suprême qui depuis l'origine de la procédure introduite en mai 2005 a veillé à ce que l'action des requérants, fondée à titre principal sur la Loi TAUBIRA, soit privée de son fondement, jugeant ainsi lors d'une procédure parallèle visant le crime d'apologie du crime contre l'Humanité, que la Loi TAUBIRA serait une loi mémorielle et comme telle privée de portée normative, pose là un principe d'action pour l'avenir.

En validant les moyens retenus par l'arrêt de la Cour d'appel de Fort-de-France pour rejeter de l'action en réparation des requérants la Cour suprême a ouvert, à son insu et comme par l'effet d'une ruse ultime de la raison, la voie vers de nouvelles procédures en réparation, fondées sur le décret d'abolition de 1848 et la démonstration que le délai de la prescription avait continué d'être suspendu jusqu'à nos jours, excluant tout principe de prescription du droit à la réparation des deux crimes.

Dès lors à plus ou moins court terme, une juridiction française sera contrainte de juger l'action en réparation des ayants droit, victime des deux crimes, recevable et bien fondée et de condamner l'État français à réparer.

Reste que la France n'a pas été la seule puissance européenne à avoir été un État négrier, que si son rôle au sein des nations européennes a été important elle n'a pas été la seule à commettre la déportation de nègres et leur mise en esclavage

L'Angleterre la Hollande, L'Espagne, le Portugal, les États-Unis, la Suède, le Danemark, la Belgique ont tous pratiqué le commerce triangulaire et la mise en esclavage des Africains

Le juge français n'a pas compétence pour juger ces États qui doivent au même titre que l'État français réparation aux victimes des deux crimes et à leurs ayants droit.

Si, nonobstant la prise de position de la Cour de cassation, le droit français, grâce à la Loi TAUBIRA, permet de saisir en droit les juges français de demandes de réparation, telle n'est pas la situation pour la plupart des anciennes nations négrières qui ont toujours refusé de recevoir dans leur droit interne une telle reconnaissance légale du caractère de crime contre l'Humanité de leurs pratiques passées d'esclavagistes.

En effet la reconnaissance légale du caractère de crime contre l'Humanité de la traite et de l'esclavage que réalise la Loi TAUBIRA fournit le principe pour la mise en cause de l'ensemble de ces anciennes puissances négrières.

Le droit le permet, mais il manque le tribunal permettant d'en juger.

La communauté internationale au sortir de la Seconde Guerre mondiale a pris conscience de la nécessité que les crimes contre l'Humanité, les génocides puissent faire l'objet de poursuites judiciaires à l'encontre des responsables de ces crimes ;

IL a été instauré auprès l'institution du Tribunal de Nuremberg par les forces alliées vainqueurs de l'Allemagne nazie une série de tribunaux internationaux pour juger des crimes contre l'Humanité commis dans le monde.

Le tribunal pénal pour le Rwanda, celui pour le Cambodge, celui pour l'ex-Yougoslavie... ont été les instruments érigés par la communauté internationale pour juger des responsables de massacres de populations relevant du crime contre l'Humanité ou du génocide.

Il est clair que les États européens qui ont été à l'initiative de la mise en place de ces tribunaux ad hoc, ont eu la prudence lors de la conférence de Durban tenue en février 2001 de s'opposer au vote d'une résolution visant à voir reconnu sur le plan du droit international la traite et l'esclavage comme crime contre l'Humanité et le principe d'une réparation.

M Beckles dans son livre « BRITAIN's black' debt « relate l'âpre lutte qui a été menée par les pays occidentaux pour qu'une telle résolution ne figure pas dans les résolutions finales de la conférence et ne puisse servir de base légale pour d'éventuelles mises en cause de ces États qui tous ont participé à la commission des deux crimes du XVéme jusqu'à la fin du XIXe siècle.

Si l'obstacle juridique a été levé en France et qu'aujourd'hui avec l'arrêt de la Cour suprême la voie des procédures en réparations est ouverte à tous ceux, qui ayants droit des victimes des deux crimes, sont en mesure de rapporter la preuve que l'empêchement d'agir qui s'est poursuivi jusqu'en avril 1948, s'est poursuivi jusqu'à aujourd'hui, l'absence d'une juridiction internationale pour juger de ces deux crimes couverts par l'imprescriptibilité propre aux crimes contre l'Humanité constitue l'obstacle à la mise en cause de l'ensemble des anciennes puissances négrières et à l'obtention de leur condamnation à réparer les conséquences dommageables des deux crimes.

Devant le juge français, sur la base de la reconnaissance légale des deux crimes comme crime contre l'Humanité votée par le parlement français, les ayants droit des victimes avaient sollicité deux choses : une provision sur la réparation à venir et une expertise des conséquences dommageables des deux crimes afin de fixer le montant de cette réparation.

Devant un tribunal international pour la réparation, de telles actions deviennent possibles.

Il est donc nécessaire de trouver des États africains prêts à établir un tel tribunal sur le modèle des tribunaux internationaux ad hoc que l'ONU met en place avec pour mission d'organiser le procès des États européens en vue de la réparation des conséquences dommageables au titre de leur responsabilité dans la commission de ces deux crimes

L'idée semble pourtant se heurter à un obstacle insurmontable, celui d'un accord de la majorité des nations, membres de l'0NU, institution au sein de laquelle les anciennes puissances négrières, se sont accordé le privilège exorbitant d'un droit de veto, indice et signe de leur domination sur le monde et de la protection de leurs intérêts particuliers au détriment de ceux de la Société des Nations.

Ce droit de veto résulte d'une histoire qui n'est pas étrangère à l'existence des deux crimes et à la commission de ces derniers par ces nations pourvues de ce privilège.

Derrière la façade apparente d'une institution démocratique où l'ensemble des nations seraient représentées à parts égales se tient un outil de domination de l'occident sur les autres nations.

Cette situation résulte d'un rapport de force instauré historiquement et qui reflète l'idéologie raciste de la supériorité de l'homme blanc enracinée depuis le XVe siècle dans la conscience européenne et qui a été un des vecteurs majeurs de la traite et de l'esclavage

L'occident s'est érigé à cette époque comme l'expression de la civilisation supérieure constituée des peuples ayant vocation à dominer le monde et à en faire le champ de son exploitation.

Comme le rappelle G Mairet dans son livre « la fable du monde » :

« La morale des États modernes commence et se consolide avec le projet des Européens d'user leur domination sur l'étendue sauvage de l'orbis et de faire de l'étendue ainsi découverte et des populations qui y vivent, le territoire de leur souveraineté. Ce faisant, ils transfigurent l'orbis en monde et fondent la moralité des temps modernes. Ce qu'on appelle civilisation est ce processus de civilisation de l'étendue, le passage de la Wilderness au monde, la transformation du sauvage en civilisé, de la peuplade en peuple. La Wilderness, étendue sauvage et déserte n'est point sans habitant ; au contraire elle est habitée, mais pour les conquérants, les peuples qui y vivent sont eux-mêmes élément de la Wilderness, ils ne sont qu'une modalité de la res extensa. La philosophie des modernes en décrivant leur condition comme étant celle de la vie à l état de nature produit le concept de l'aborigène considérée du point de vue de 'l'Europe civilisée » p 131 édition NRF essais

Cette représentation du monde est indissociable de l'avènement de la déportation massive des nègres et leur mise en esclavage ; elle repose sur une idée délirante de la suprématie de l'homme blanc, idée qui n'a nullement été abolie avec les abolitions de l'esclavage, mais s'est maintenue au cœur de la pensée de l'occident et de l'ensemble des institutions à travers le colonialisme et l'élaboration de l'idée kantienne de la Société des Nations au plan politique dont la première manifestation politique a été la mise en place de la « Société des Nations » au sortir de la catastrophe de la Première Guerre mondiale.

Max Hubert dans son livre « le bon samaritain » (Paris la Baconnière 1943, P 43) pouvait noter :

« Il faut comprendre cette conception de la civilisation typique de l'esprit humanitariste dans un ensemble plus vaste. Cette conception traverse en effet toute la modernité occidentale, avec une forte dose d'ethnocentrisme. Les auteurs des Lumières ont notamment contribué à son expression. Dans cette perspective, on peut également considérer que les pensées réactionnaires consécutives à la Révolution française s'inscrivent dans un fond d'idées commun aux théories socialistes qui se développent parallèlement. Les unes comme les autres sont en effet traversées par la certitude d'une supériorité de l'Europe sur le reste du monde, du point de vue de la civilisation, mais également de la race. Au début du XIXe siècle, Saint-Simon imagine une confédération européenne à laquelle il assigne des desseins tout à fait significatifs : « Le plus sûr moyen de maintenir la paix dans la confédération sera de la porter sans cesse hors d'elle-même, et l'occuper sans relâche à de grands travaux intérieurs. Peupler <u>le globe de la race européenne, qui est supérieure à toutes les autres races d'hommes</u>, le rendre voyageable et habitable comme l'Europe… »

Cette problématique de la supériorité de 'L'homme blanc est lisible à même la constitution juridique de cet ordre nouveau voulu par les principales puissances occidentales de l'époque, la France, l'Angleterre et les USA.

Cette représentation de la supériorité de l'homme blanc transpire jusque dans les textes de droit international qui promeuvent le concept de « Société des Nations », qui est supposé reconnaître une égalité de tous les humains et leur droit partagé à la protection de la communauté de ces nations réunies garantes du respect dû aux droits de l'homme qu'elle érige comme principe suprême.

L'article 22 du Pacte de la Société des Nations qui détermine les modalités des mandats de l'organisation indique cela clairement :

« *Les principes suivants s'appliquent aux colonies et territoires qui, à la suite de la guerre, ont cessé d'être sous la souveraineté des États qui les gouvernaient précédemment et qui sont* ***habités par des peuples non encore capables de se diriger eux-mêmes dans les conditions particulièrement difficiles du monde moderne.*** *Le bien-être et le développement de ces peuples forment une mission sacrée de civilisation, et il convient d'incorporer dans le présent Pacte des garanties pour l'accomplissement de cette mission. La meilleure méthode de réaliser pratiquement ce principe est de* ***confier la tutelle de ces peuples aux nations développées qui, en raison de leurs ressources, de leur expérience ou de leur position géographique, sont le mieux à même d'assumer cette responsabilité*** *et qui consentent à* *l'accepter : elles exerceraient cette tutelle en qualité de Mandataires et au nom de la Société.* »

Ce processus de domination est parvenu à son terme et comme le rappelle Michel Onfray, nous sommes entrés dans la phase de décadence et du crépuscule de la domination du monde blanc sur les autres peuples non blancs ; le visage du monde est en train de changer

Dans ce changement fondamental où tous les repères vont se modifier, où les anciennes évidences vont s'effondrer, où les certitudes qui ont tenu le monde debout (et couché pour l'autre partie) depuis 5 siècles se défont et où de nouvelles donnes spirituelles se dessinent, héritant des acquis de la rationalité occidentale, mais refusant de se soumettre désormais à la dictature de ses préjugés, un nouvel ordre du monde se forge.

Il est ainsi à relever que la force d'influence de l'Occident était encore puissante lors de la conférence de Durban de 2001, où les chefs d'États africains ont fait l'alliance impensable avec les pays occidentaux pour s'opposer à ce que la question de la réparation fasse partie des questions appelants des décisions que les conférenciers devaient prendre.

Comme le rappelle Hilary Beckles, les Européens à la suite des Américains ont manœuvré pour que la question de la réparation soit évacuée des questions conduisant à une résolution.

Les forces et les rapports de forces au plan international sont en train irrémédiablement de se réorganiser et de nouvelles puissances émergent qui finiront par faire exploser le système de cette domination de plus de cinq siècles du monde blanc.

Dans ce contexte la question de la réparation des crimes commis par l'occident et de l'exploitation féroce que ce dernier a imposée à l'ensemble du monde, enfin libérée de la censure puissante que lui ont fait subir les puissances occidentales depuis près d'un demi-siècle, va venir à être posée comme question historiale.

L'Afrique qui a été la victime majeure de cette volonté de domination et de négation de l'autre qui a conduit au génocide de plusieurs peuples (en Amérique du Sud les peuples aztèques et incas, en Amérique du Nord les Indiens des premières nations) est le témoin de cet infléchissement de la suprématie blanche dont l'Afrique du Sud a été le dernier modèle déclaré de ce régime d'asservissement total de l'autre que les puissances européennes ont continué de pratiquer au nom de leur ordre mondial et des valeurs dites démocratiques.

La question de la réparation sera la question majeure du XXIe siècle et au premier chef celle des crimes de la traite et de l'esclavage.

Dans ce contexte de déclin et d'affaiblissement de la dictature que les occidentaux imposent au monde depuis 5 siècles, il est possible de faire enfin émerger la question de la réparation de ces deux crimes majeurs contre l'Humanité qui ont été le ressort de la mondialisation du monde

Le projet d'établissement d'un tribunal international pénal pour la réparation et sa promotion par un ou plusieurs États africains suffisamment courageux pour prendre le risque de l'opposition violente des anciennes puissances négrières est donc à l'ordre du jour au calendrier de l'ONU et l'instauration d'un tel tribunal un fait à venir incontournable.

Il sera l'initiateur d'un processus où tous les peuples et nations qui ont été la victime des agissements prédateurs de l'occident seront en mesure de réclamer réparation à tous ces États qui ont construit le bien vivre d'une partie du monde sur la misère absolue de son autre.

Il est aujourd'hui avéré que la question de la réparation des deux crimes de la traite et de l'esclavage est bien une question juridique fondée dans le système du droit international et qui répond aux exigences de justice des différents systèmes de droits des anciennes puissances négrières.

Lorsque l'Afrique retrouvera la majorité que lui ont ravie les puissances occidentales et s'affirmera comme un monde qui revendique son autonomie et la libre disposition de soi, alors le tribunal de la réparation fera son œuvre et justice sera enfin rendue à ces millions d'hommes, de femmes et d'enfants qui ont été broyés par la pulsion de mort qui a animé et continue d'animer ces puissances mortifères et leur volonté de puissance délirante.

La traite négrière européenne, les résistances africaines et la question des réparations : vers une évaluation objective des dommages subis par les victimes de l'Holocauste Noir et leurs descendants

Par Pr Coovi Rekhmiré

Égyptologue, Philosophe et Historien.
Spécialiste de la Traite Négrière européenne

À mon Doyen Garcin Malsa, le "Justicier de Maät" qui nous a ouvert le chemin de la réhabilitation de la mémoire des Déportés de l'Holocauste Noir.

Citation en exergue du "NÈGRE FONDAMENTAL" Aimé Césaire.

“Que l'on se représente Auschwitz et Dachau, Ravensbrück et Mathausen, mais le tout à l'échelle immense — celle des siècles, celle des continents — l'Amérique transformée en univers concentrationnaire, la tenue rayée imposée à toute une race, la parole donnée souverainement aux kapos et à la schlague, une plainte lugubre sillonnant l'Atlantique, des tas de cadavres à chaque halte dans le désert ou la forêt, et les petits bourgeois d'Espagne, d'Angleterre, de France, de Hollande, innocents Himmler du système, amassant de tout cela le hideux magot, le capital criminel qui fera d'eux des chefs d'industrie. Qu'on imagine tout cela, et tous les crachats de l'histoire et toutes les humiliations et tous les sadismes, et qu'on les additionne et qu'on les multiplie et on comprendra que l'Allemagne nazie n'a fait qu'appliquer en petit à l'Europe ce que l'Europe occidentale a appliqué pendant des siècles aux races qui eurent l'audace ou la maladresse de se trouver sur son chemin. L'admirable est que le Nègre ait tenu. Beaucoup mouraient. Les autres tenaient. Comment ? Par la bonté nègre qui fait que l'un fortifia l'autre. Par l'imagination nègre qui toujours leur présenta, à portée de main, la liberté. Par l'amour de la vie, et l'humour nègre qui les rendit supérieurs à leur condition et toujours juges de leurs maîtres. Le fait est qu'ils ne sombrèrent pas dans la déchéance complète, qu'ils ne perdirent jamais espoir, qu'ils n'abdiquèrent jamais leur dignité et que jour après jour, pendant deux siècles, ils complotèrent, résignés apparemment, domptés jamais".

cf. Aimé CÉSAIRE "Préface" à "ESCLAVAGE ET COLONISATION" de Victor SCHŒLCHER, page 18.

De tous les crimes perpétrés par des êtres humains contre d'autres êtres humains et ce depuis que le monde est monde, la TRAITE NÉGRIÈRE EUROPÉENNE (épisode tragique de l'HOLOCAUSTE NOIR) fût sans doute le plus abominable, le plus inqualifiable, le plus abject et le plus répugnant. Les Nations européennes (Espagne, Portugal, Angleterre, France, Hollande, etc.) qui ont pris une part active à cette ENTREPRISE GÉNOCIDAIRE et qui en ont tiré cinq siècles durant les profits colossaux et mirifiques qui ont rendu possible leur INDUSTRIALISATION

ACCÉLÉRÉE, s'efforcent sous nos yeux de réécrire l'histoire de cette épopée criminelle multiséculaire en s'évertuant à faire de leurs victimes leurs propres bourreaux. De nos jours, l'ouvrage de Philip D. CURTIN "THE ATLANTIC SLAVE TRADE : À CENSUS" constitue le bréviaire ce cette pseudo-science négationniste dans ce qu'elle a de plus cynique.

Il convient d'ajouter à cette vulgate un texte du même auteur intitulé : "THE RISE AND FALL OF THE PLANTATION COMPLEX : ESSAYS IN ATLANTIC HISTORY". En France, Olivier PETRE GRENOUILLEAU a défrayé la chronique en proposant une "synthèse historique" confusionniste qui n'est somme toute qu'une piètre et pâle copie des travaux sus-mentionnés de Philip CURTIN sous le titre pompeux : "LES TRAITES NÉGRIÈRES : ESSAI D'HISTOIRE GLOBALE". Il n'en fallait pas plus pour raviver dans la "PATRIE DES DROITS DE L'HOMME" auto-proclamée un NÉGATIONNISME OUTRANCIER entretenu depuis le "SIÈCLE DES LUMIÈRES" (nous dirions plutôt le "SIÈCLE DES TÉNÈBRES") par un "LOBBY ANTI-NEGRE" militant dont la finalité a toujours été de nier non seulement l'ampleur du crime inexpiable, mais également d'insinuer qu'il s'agissait d'un "NÉGOCE LUCRATIF ET LIBREMENT CONSENTI QUI A PROFITE AUSSI BIEN AUX EUROPÉENS QU'AUX AFRICAINS" (cf. MANUEL D'HISTOIRE DE LA CLASSE DE 6ème ÉDITÉ PAR NATHAN EN 1996 ET TOUJOURS AU PROGRAMME EN GUYANE EN 2016). L'ouvrage d'Olivier PETRE GRENOUILLEAU a reçu comme il fallait s'y attendre le soutien implicite des chercheurs africains sous tutelle "africaniste" comme Elikia M'BOKOLO, Issiaka MANDE, Ibrahima THIOUB, Pape N'DIAYE auxquels il faut ajouter une descendante de colons de la Réunion sur-médiatisée comme Françoise VERGES qui a été promue, il y a quelques années par le "fait du Prince" Présidente du "COMITÉ POUR LA MÉMOIRE DE L'ESCLAVAGE". Même le Président de la République française François HOLLANDE qui avait récemment opposé publiquement une fin de non-recevoir à la requête relative aux RÉPARATIONS formulée pour la première fois à notre connaissance par un éminent descendant d'Africains déportés comme Garcin MALSA du "MOUVEMENT INTERNATIONAL DES RÉPARATIONS" (MIR) a crû devoir pour justifier sa couardise tronquer une citation d'Aimé CÉSAIRE pourtant très explicite. C'est dans le prolongement de cette forfaiture qu'il convient d'inscrire les deux dernières initiatives répugnantes prises il y a un an par les autorités françaises qui ont décidé avant et pendant leur rituelle "CÉRÉMONIE CARNAVALESQUE" du Mardi 10 Mai 2016 au JARDIN DU LUXEMBOURG de profaner en se servant de leurs "NÈGRES DE MAISON" la MÉMOIRE GLORIEUSE ET IMPÉRISSABLE de nos Ancêtres Africains déportés pendant cinq siècles vers le "NOUVEAU MONDE" par les ÉTATS EUROPÉENS avec la caution et l'onction de l'ÉGLISE CATHOLIQUE, APOSTOLIQUE ET ROMAINE.

1- Dans une "LEÇON INAUGURALE " prononcée du haut de sa "CHAIRE DE CRÉATION ARTISTIQUE" le 17 Mars 2016 à 18H00 sous le titre intriguant "LETTRES NOIRES :

DES TÉNÈBRES A LA LUMIÈRE", Alain MABANCKOU "romancier" burlesque rongé par le "DÉLIRE DE POLYVALENCE" s'est répandu en propos nauséabonds sur la "TRAITE NÉGRIÈRE TRANSATLANTIQUE" sans avoir visiblement pris la peine de consulter la moindre archive sur le sujet.

Après avoir insinué que sa communication vise avant tout à promouvoir la "LITTÉRATURE FRANCOPHONE AFRICAINE" (sic), il a étalé ses états d'âme de complexé et ses dépits amoureux vis-à-vis de ses "Maîtres" tout en faisant preuve d'auto-flagellation, exercice dans lequel il excelle mieux que quiconque. Tout le programme de RECOLONISATION DE L'IMAGINAIRE DES NÈGRES FRANCOPHILES décliné sur tous les tons par Alain MABANCKOU était déjà résumé dans le "MANIFESTE POUR UNE LITTERATURE-MONDE EN FRANÇAIS" dont il fût un des quarante-quatre signataires. À propos de son "ATTIRANCE PRÉCOCE" pour la langue de Molière que feu l'académicien Léopold Sédar SENGHOR en personne n'aurait point reniée, Alain MABANCKOU écrit : "A l'âge de 6 ans, j'ai découvert les "mots" en langue française"... N'eût été la caution apportée dans sa "LEÇON INAUGURALE" trop pimentée à mon goût à la RENGAINE NÉGATIONNISTE AMBIANTE, la prose éclectique et erratique d'Alain MABANCKOU mériterait à peine une mention dans le cadre qui est le nôtre.

2- Dans un étrange "COMMUNIQUE DE PRESSE" publié le Lundi 25 Avril 2016 et opportunément intitulé : "POUR UNE

MÉMOIRE DE L'ESCLAVAGE COLONIAL QUI RASSEMBLE LES FRANÇAIS !", Serge ROMANA au nom du "COMITÉ MARCHE DU 23 MAI 1998 (CM98)" œuvrant en collaboration avec Marie-Claire FAIVRE, Vice-Présidente de "LA ROUTE DES ABOLITIONS DE L'ESCLAVAGE ET DES DROITS DE L'HOMME" affirme vouloir inscrire la COMMÉMORATION OFFICIELLE sous le signe de la "MÉMOIRE PARTAGÉE ET APAISÉE" entre les descendants des victimes et ceux de leurs bourreaux.

Cette ACTION MÉMORIELLE CONCERTÉE est censée selon la "FEUILLE DE ROUTE" des deux impétrants se dérouler en trois phases principales :

I - "Nous rendrons ensemble hommage aux abolitionnistes français en déposant une gerbe de fleurs sur la tombe de Victor SCHŒLCHER, combattant acharné pour l'abolition définitive de l'esclavage en 1848, au Panthéon, à 10h, le 27 Avril 2016, jour du 168ème anniversaire de la signature du décret de l'abolition de l'esclavage colonial dans les colonies françaises.

II- Nous serons présents ensemble aux manifestations nationales du 10 Mai 2016 d'une part sur le site de la "Forêt Mémoire" à Chamblanc, à la "Maison de la Négritude" de Champagney, au "Musée Abbé Grégoire" d'Emberménil, au "Musée Victor Schœlcher" de Fessenheim et au "Fort de Joux-Toussaint Louverture" de "Pontarlier" ainsi qu'à la cérémonie nationale se déroulant dans le Jardin du Luxembourg à Paris.

III- Enfin, nous commémorons ensemble le 23 Mai 2016 les victimes de l'esclavage colonial dans des cérémonies républicaines départementales à Saint-Denis, à Sarcelles, à Grigny et à Creil, dans les cérémonies religieuses à la basilique de Saint-Denis et de Créteil et dans la cérémonie nationale Limyè ba Yo - Reconnaissance – Réconciliation qui se déroulera du fait de l'état d'urgence, dans les jardins du ministère des Outre-mer."

De ce qui précède, il ressort que les autorités françaises fermement résolues à imposer leur nouvelle trouvaille conceptuelle qu'est la "MÉMOIRE PARTAGÉE ET APAISÉE" aux descendants des victimes africaines d'un "CRIME CONTRE L'HUMANITÉ" qu'elles affirment par ailleurs ne jamais vouloir réparer ont réquisitionné leurs "NÈGRES DE SERVICE" Alain MABANCKOU sur sa chaire du "COLLÈGE DE FRANCE" et Serge ROMANA dans ses "JARDINS DU MINISTÈRE DE L'OUTRE-MER" — "État d'urgence" oblige — pour accomplir le forfait de l'auto-profanation de la mémoire de nos Ancêtres Africains déportés cinq siècles durant par les Nations européennes y compris par cette même France négationniste, négrophobe et arrogante avec laquelle ils disent vouloir étreindre sous le double sceau de la RECONNAISSANCE et de la RÉCONCILIATION. Convaincus pour notre part que seules la VÉRITÉ HISTORIQUE et la JUSTICE ÉQUITABLE sont les préalables incontournables de tout rapprochement éventuel entre des peuples qu'oppose un si lourd CONTENTIEUX HISTORIQUE, nous développerons au cours de notre CONFÉRENCE COMMÉMORATIVE du Dimanche 8 Mai 2016 les deux "POINTS DURS" suivants :

A- La "TRAITE NÉGRIÈRE EUROPÉENNE" qui a débuté en 1444 (XVème siècle), c'est à dire bien avant la conquête violente et la destruction des "autochtones" du Continent baptisé perfidement "AMÉRIQUE" et qui a perduré jusqu'en 1890 (XIXème siècle) a été dans les faits une succession de "RAZZIAS NÉGRIÈRES" qui ont transformé le Continent Africain en un immense "TERRITOIRE DE CHASSE A COURRE" pour les trafiquants européens de chair humaine. Pour parvenir à leurs fins mercantiles, ces hordes cupides et véreuses n'ont pas hésité à torturer, à mutiler, à violer, à piller, à souiller, à avilir tout ce qui ressemblait à un être humain à la peau noire. Ils ont usé et abusé des armes à feu et des techniques raffinées d'avilissement psychologique énumérées dans la nomenclature de Willy LYNCH. Dans son fameux "TRAITÉ DU PARFAIT NÉGOCIANT" rarement mentionné de nos jours, SAVARY rappelle jusqu'à l'écœurement les "PROCÉDÉS RAFFINÉS DE DESTRUCTION PHYSIQUE ET PSYCHIQUE DES NÈGRES" qui constituaient la substance même des "CARNETS DE BORD DES NÉGRIERS" soigneusement dissimulés dans les réserves des Bibliothèques spécialisées. Ce "CRIME APOCALYPTIQUE" pour reprendre l'expression de DUNBAR a arraché à l'Afrique 200 millions d'êtres humains valides au bas mot, et non pas 15 millions comme le prétendaient il n'y a pas si longtemps encore Philip CURTIN et ses disciples. Pour rétablir enfin sur ce point précis et sur tant d'autres la VÉRITÉ

HISTORIQUE, le grand historien Nigérian Joseph INIKORI — sans aucun doute le plus éminent spécialiste contemporain de la "TRAITE NÉGRIÈRE TRANSATLANTIQUE" — et ses collaborateurs ont totalement détruit les échafaudages idéologiques du NÉGATIONNISME ACADÉMIQUE de l'Occident dans l'ouvrage monumental intitulé : "THE ATLANTIC SLAVE TRADE : EFFECTS ON ECONOMIES, SOCIETIES AND PEOPLES IN AFRICA, THE AMERICAS AND EUROPE". Dans une autre publication non moins magistrale, il a montré le LIEN DIALECTIQUE incontestable qui existe entre l'essor industriel irrésistible de l'Angleterre et son statut de "Puissance esclavagiste". Il est parvenu à élucider par ricochet la paupérisation corrélative des Royaumes et Empires africains décimés démographiquement et pillés économiquement par la TRAITE DES NÈGRES. Ce fut le cas notamment de la Confédération Ashanti au Ghana et du Royaume Edo du Bénin au Nigéria. Outre ses travaux totalement méconnus en France où il est de coutume d'ergoter sur les "fictions hollywoodiennes" de PETRE GRENOUILLEAU, on peut mentionner l'ouvrage incontournable d'Eric WILLIAMS "CAPITALISM AND SLAVERY" qui demeure d'une étonnante et brûlante actualité. Mentionnons enfin à titre indicatif l'essai classique du génial Walter RODNEY "HOW EUROPE UNDERDEVELOPED AFRICA" sans oublier son célèbre article : "AFRICAN SLAVERY AND OTHER FORMS OF SOCIAL OPPRESSION ON THE UPPER GUINEA COAST IN THE CONTEXT OF THE ATLANTIC SLAVE TRADE" paru en 1966 dans "JOURNAL OF AFRICAN HISTORY".

L'enjeu capital de tous ces travaux majeurs, mais méconnus de l'historiographie africaine de la Traite Négrière transatlantique, c'est la reconstitution sur des bases rigoureusement scientifiques du “PROCESSUS GLOBAL DE LA DESTRUCTION DES CIVILISATIONS AFRICAINES PAR LES NATIONS EUROPÉENNES COALISÉES“ comme le suggérait le génial érudit Chancellor WILLIAMS dans son chef-d'œuvre “THE DESTRUCTION OF THE BLACK CIVILIZATIONS“. Il importe enfin de retracer, maillon par maillon, toute la CHAÎNE DE COMMANDEMENT des acteurs principaux de la TRAITE NÉGRIÈRE EUROPÉENNE et ce conformément à la THÉORIE de la “CAUSALITÉ HISTORIQUE“ qui seule permet de situer sans passion les RESPONSABILITÉS des uns et des autres dans cette épouvantable tragédie.

B- Les historiens négationnistes (CURTIN, PETRE GRENOUILLEAU) passent volontiers sous silence dans leurs monographies orientées les RÉSISTANCES HÉROÏQUES opposées par les Peuples Africains à la TRAITE NÉGRIÈRE EUROPÉENNE. Ils leur substituent généralement les “RÉVOLTES SPORADIQUES“ qui ne seraient à leurs yeux que la somme des réactions spontanées des “esclaves“ aux mauvais traitements infligés par des négociants zélés et maladroits. Comble de cynisme, certains NÉGATIONNISTES critiquent de nos jours sans vergogne les travaux rigoureux de Louis SALA MOLINS consacrés au “CODE NOIR“ de 1685 édicté par le Ministre COLBERT sous l'égide du Roi de France LOUIS XIV (cf. Louis SALA MOLINS “LE CODE NOIR OU LE CALVAIRE

DE CANAAN"). Ils voient volontiers dans ce texte pourtant monstrueux "UNE TENTATIVE AUDACIEUSE POUR L'ÉPOQUE VISANT À RÉGLEMENTER ET À HUMANISER L'ESCLAVAGE". Ainsi, depuis la parution du brûlot négationniste d'Olivier PETRE GRENOUILLEAU, nous assistons à une véritable offensive médiatique visant à imposer partout et dans tous les esprits l'idée qu'il a existé trois "TRAITES NÉGRIÈRES" : la "TRAITE INTERNE AFRICAINE", la "TRAITE ARABE ORIENTALE" et la "TRAITE EUROPÉENNE TRANSATLANTIQUE".

Cette dernière ayant été interrompue finalement d'après les idéologues négationnistes grâce aux initiatives humanitaires des GRANDES FIGURES ABOLITIONNISTES EUROPÉENNES anglaises et françaises notamment. En France, les commémorations officielles mettent exclusivement l'accent sur le rôle supposé de l'Abbé GRÉGOIRE et de Victor SCHŒLCHER dans l'abolition de l'esclavage des Noirs et lorsque l'épopée de TOUSSAINT LOUVERTURE est mentionnée, elle est expliquée tantôt par l'influence des idées "éclairées" de la "PHILOSOPHIE DES LUMIÈRES", tantôt par l'impact de la "RÉVOLUTION FRANCAISE" dans les colonies y compris à Saint-Domingue (cf. Pierre PLUCHON "TOUSSAINT LOUVERTURE, FILS NOIR DE LA REVOLUTION FRANCAISE"). On peut affirmer sans risque d'être contredit que du XVème siècle au XIXème, l'Afrique a été le théâtre d'un CONTINUUM INSURRECTIONNEL qui s'est prolongé trois siècles durant dans les colonies européennes du "NOUVEAU MONDE" (Amérique, Caraïbe). Il s'agissait de véritables RÉSISTANCES ANTI-ESCLAVAGISTES qui reposaient toutes sans exception sur une quadruple ORGANISATION spirituelle, économique, militaire et même politique.

Nous nous bornerons à étudier

1- La RÉSISTANCE ANTI-ESCLAVAGISTE des "JAGAS en Afrique centrale".

2- La RÉSISTANCE ANTI-ESCLAVAGISTE des "MOUN KAM" du "QUILOMBO DE PALMARÈS" dans l'État de Pernambouc au Brésil.

3- La RÉSISTANCE ANTI-ESCLAVAGISTE des "MOUN KAM" d'Haïti.

4- La RÉSISTANCE ANTI-ESCLAVAGISTE des "MOUN KAM" de l'AMISTAD à Cuba, etc.

La conclusion qu'on peut tirer au terme de cette introspection mémorielle c'est que toutes ces RESISTANCES se sont inspirées de l'AFRIQUE et de ses VALEURS DE CIVILISATION.

Aucune RÉSISTANCE ANTI-ESCLAVAGISTE digne de ce nom n'a été organisée, et à plus forte raison dirigée par des "CRÉOLES", des "ANTILLAIS" des "ULTRA-MARINS" mais exclusivement par des AFRICAINS n'ayant jamais renié leur IDENTITÉ CULTURELLE, leurs VALEURS SPIRITUELLES et leurs RACINES HISTORIQUES. C'est en vertu de cette COMMUNAUTÉ D'ORIGINE, DE VALEURS, DE SOUFFRANCE, DE DESTIN que cinq figures éminentes de descendants de Déportés africains à savoir Anténor FIRMIN (Haïti), Bénito SYLVAIN (Haïti), Henry SYLVESTER WILLIAMS (Trinidad), Martin DELANY (États-Unis d'Amérique), Marcus GARVEY (Jamaïque) ont jeté les bases du plus puissant mouvement noir des temps contemporains : le PANAFRICANISME DES PEUPLES. Conformément aux résolutions capitales du "COLLOQUE D'HAÎTI" consacré par l'UNESCO à la "TRAITE NÉGRIÈRE TRANSATLANTIQUE", le moment est venu pour les Africains et leurs descendants victimes du CRIME LE PLUS ABOMINABLE JAMAIS PERPÈTRE PAR DES ÊTRES HUMAINS CONTRE D'AUTRES ÊTRES HUMAINS de s'atteler eux-mêmes à la réécriture de ce chapitre douloureux de l'Histoire de l'Humanité afin de permettre aux générations futures d'admirer et de célébrer la bravoure, la noblesse et l'endurance des résistants, qui au fin fond des ténèbres ont rallumé la flamme de l'espérance".

Il y a donc lieu après tant d'années d'humiliations et d'illusions de réécrire la VÉRITABLE HISTOIRE DE LA TRAITE NEGRIERE EUROPEENNE ET DES RÉSISTANCES AFRICAINES dans le sillage des recherches pionnières effectuées par Éric WILLIAMS, Walter RODNEY, Joseph INIKORI, etc. en mettant l'accent sur le rôle capital joué par les FEMMES ("POTOMITAN") dans la survie collective du Peuple Noir du XVème siècle au XIXème siècle. Il faut renoncer à la "COMMÉMORATION FACTICE ET PROFANATRICE" du 10 Mai qui donne lieu, un jour non-férié, à des EXHIBITIONS CARNAVALESQUES au Jardin du Luxembourg en présence du Président de la République française et de quelques "NÈGRES DE MAISON" triés sur le volet. Pour nous, le 10 Mai est une DATE DE PROFANATION qui doit cesser de donner lieu à des gesticulations sans lendemain. La seule date HISTORIQUEMENT JUSTIFIEE ET LÉGITIME, c'est le 22 Août car elle renvoie à la CÉRÉMONIE DE RÉGÉNÉRATION SPIRITUELLE DU "BWA KAY MOUN" qui a été le prélude à l'INSURRECTION GÉNÉRALE DES "MOUN KAM" sous la direction du HOUGAN BOUKMAN DUTTY. Tous les Africains et les afrodescendants doivent s'approprier cette DATE SACRÉE ET HAUTEMENT SYMBOLIQUE qui fait écho aux RÉSISTANCES HÉROÏQUES de nos valeureux et glorieux Ancêtres.

Compte-rendu de « *Britain's Black Debt - Reparations for Caribbean Slavery and Native Genocide* » d'Hilary Beckles, une réécriture de l'Histoire pour une transformation sociale réparatrice

Par Rodolphe Solbiac

Maître de conférences, habilité à diriger des Recherches
Études anglophones caribéennes - Université des Antilles

Références

1 **Hilary Beckles, Britain's Black Debt** : Reparations for Caribbean Slavery and Native Genocide, Kingston, The University of the West Indies Press, 2013, 248p, ISBN: 9789766403492

2 **Le Professeur Sir Hilary Beckles** est Historien, Vice-chancelier de l'Université des Antilles, Président du Comité des réparations de la CARICOM, Vice-président du Groupe de travail international pour le projet de la route de l'esclave de l'UNESCO

3 **Ce texte a été publié dans la Revue Études caribéennes** [En ligne], 31-32 | Août-Décembre 2015, mis en ligne le 15 décembre 2015.
URL http://journals.openedition.org/etudescaribeennes/7637

Compte-rendu de lecture

Britain's Black Debt **:** ***Reparations for Caribbean Slavery and Native Genocide*****, (La dette noire de la Grande-Bretagne, des réparations pour l'esclavage dans la Caraïbe et le génocide des peuples autochtones)** publié en 2013 par le Professeur Hilary Beckles aux presses de l'Université des West Indies présente une approche de l'histoire du colonialisme anglais, de la traite et de l'esclavagisation de l'Africain du point de vue des dommages qu'ils ont causés aux peuples africains et autochtones caribéens et des bénéfices qu'en a tiré la Grande-Bretagne[1].

L'approche singulière que met en œuvre Beckles dans cet ouvrage entreprend de démontrer la nature criminelle de la traite et de l'esclavagisation de l'Africain, d'en établir le caractère hautement lucratif, d'en identifier les bénéficiaires et de démontrer la continuité existant entre l'instauration de ce système à l'époque moderne et la situation des sociétés caribéennes d'aujourd'hui. Elle vise à établir la légitimité de l'action pour les réparations dans les sociétés caribéennes menée, depuis les années 1990, par des organisations citoyennes transnationales, et qui entre dans une phase institutionnelle depuis le début de la décennie 2010 avec l'implication de l'Université des West Indies et de la CARICOM.

Cet ouvrage s'organise en deux parties comportant respectivement onze et quatre chapitres. La première présente les principes et les pratiques en matière de réparation avant d'exposer les éléments historiques qui établissent le génocide des Kalinago, ainsi que le caractère criminel de la traite et de l'esclavagisation de l'Africain dans la Caraïbe et en Amérique. Elle développe également l'idée d'un effet génocidaire de cette traite pour l'Afrique. La seconde partie est consacrée à l'action pour les réparations menée par les Caribéens et les Africains.

Dans sa première partie, Hilary Beckles décrit le processus de construction du statut légal qui fait de l'Africain un bien meuble, un élément du patrimoine d'une plantation que l'on peut même louer pour des services sexuels. Il expose la manière dont l'enrichissement découlant de la traite et de l'esclavage a contribué sur le plan économique à l'édification de la société britannique préindustrielle et industrielle. Il souligne, par exemple, les bénéfices qu'a tirés l'église d'Angleterre de ce système ainsi que sa contribution morale à l'établissement de l'esclavage comme cause d'intérêt national. Outre son rôle d'acheteur, sa légitimation du fait que des membres de son clergé possédaient des esclaves et s'adonnaient à la traite, Beckles souligne l'action idéologique et raciale de déshumanisation de l'Africain menée à grande échelle par cette institution religieuse. Il énonce les dommages considérables à la santé mentale, à l'estime de soi des Noirs que l'on peut encore constater dans l'ensemble du monde post-plantationaire.

Outre l'église, le rôle de la classe politique et de l'aristocratie sont analysés pour démontrer l'implication de tous les secteurs de la société anglaise dans l'organisation du crime contre les Africains. Ainsi, *Britain's Black Debt* introduit au processus qui érige l'esclavage en question d'intérêt national. Les membres du parlement tout autant que les institutions étant propriétaires d'esclaves, la culture politique anglaise est marquée par la possession d'esclaves. Cette situation a pour effet de corrompre et d'enrichir les partis politiques des deux bords. Ces éléments apportés par Beckles permettent de comprendre pourquoi face à l'idée que l'esclavage était un crime national que les abolitionnistes promouvaient au XIXe siècle, la classe politique anglaise argumentait que l'esclavage était une question d'intérêt national. Un autre apport majeur de cette première partie réside dans la présentation détaillée et l'analyse des compensations perçues par les propriétaires d'esclaves britanniques lors de l'abolition de 1838.

La seconde partie dédiée à l'action pour les réparations retrace les principaux événements qui ont marqué ces vingt-cinq dernières années dans ce domaine avec la description des actions qui ont précédé la conférence de Durban en 2001, mais également les évolutions de la lutte pour les réparations après cette conférence. Elle se compose de quatre chapitres examinant, respectivement, les principes de l'action en justice pour les réparations, le comportement des Nations Unies sur la question des réparations lors de la conférence de Durban, la politique britannique du « pas d'excuses, pas de réparations » et enfin le mouvement pour les réparations dans la Caraïbe.

L'argumentation d'Hilary Beckles dans *Britain's Black Debt* s'appuie sur une bibliographie riche en quantité et en qualité (22 pages de références) regroupant livres, articles, films documentaires, rapports et autres archives. Le propos de l'auteur est étayé par des références conséquentes présentées sous la forme de notes regroupées par chapitres à la fin de l'ouvrage, notes qui renvoient à des travaux des plus sérieux. L'accès aux références est de plus facilité par la présence d'un index thématique et de noms d'auteurs. Un certain nombre de tableaux viennent apporter une lisibilité supplémentaire au propos, comme celui concernant la mortalité sur les plantations caribéennes, ou encore celui présentant les chiffres des compensations perçues par les propriétaires d'esclaves.

Britain's Black Debt décrit la farouche opposition anglo-américaine (214) à laquelle le mouvement pour les réparations s'est heurté avant, pendant et après la conférence de Durban. Beckles fait état des représailles européennes envers les chefs d'État qui formulent des demandes de réparations, ou qui font avancer le mouvement (216 - 217). Hilary Beckles expose également les arguments qui motivent une action en justice pour les réparations qui devrait être menée contre l'État britannique et un certain nombre de ses institutions nationales comme les chambres de commerce, des banques, des compagnies d'assurance et l'église d'Angleterre.

Britain's Black Debt définit les caractères de cette requête en réparation devant être une action juridique de gouvernement à gouvernement en premier lieu. Elle s'adresserait également aux institutions sociales et financières qui ont participé à ce système esclavagiste et qui existent encore aujourd'hui (163). Beckles énonce la liste des autres états européens concernés, Espagne, Portugal, France, Pays-Bas, Allemagne, Russie, Suède, Norvège et Danemark, en présentant les contours de leur implication. L'accusation repose sur le fait que ces pays ont tiré bénéfice de la vente et de la mise en esclavage d'Africains. Les États devraient répondre en premier lieu de leur action en tant qu'institutions ayant donné passé et appliqué des lois permettant la mise en esclavage des Africains. Ils devraient, en second lieu, répondre de leur mise en œuvre de mesures fiscales incitatives (165).

Un autre axe majeur de ce livre réside dans la présentation l'action des organisations panafricaines et caribéennes durant la décennie 2000 qui a conduit le mouvement à passer à l'étape de l'action en justice contre les bénéficiaires de la traite et de l'esclavage de l'Africain, après la décision prise d'établir une commission pour étudier des actions en justice en vue d'obtenir réparation pour les descendants d'Africains. Beckles souligne le rôle joué par la commission nationale barbadienne sur la loi et l'ordre (National Commission on Law and Order), qui, la première, demande au gouvernement barbadien d'inscrire la question de la réparation parmi les actions à mener au niveau international.

L'approche mise en œuvre par Hilary Beckles dans cet ouvrage est à la fois professionnelle et personnelle. Beckles s'appuie sur les travaux anciens et récents de chercheurs appartenant à des champs disciplinaires divers. Les travaux de juristes, philosophes, historiens économistes constituent des sources secondaires de qualité qui sont sollicitées pour étayer son discours. Parmi les nombreuses références il convient de signaler la place faite au travail d'historien d'Erick Williams ou encore à celui plus récent de Barbara Solow économiste de l'Université de Harvard dont l'ouvrage s'intitule : *British Capitalism and Caribbean Slavery : The Legacy of Eric Williams* (1987). On notera de même l'utilisation des travaux de Boris Bittker, Richard Dunn, David Eltis, Joseph Inikori. De plus, il est particulièrement important de noter que Hilary Beckles situe son action dans l'héritage des travaux menés les caribéanistes CLR James, Walter Rodney Eric Williams. Gordon Lewis, entre autres, qui par leurs travaux ont œuvré à la décolonisation des consciences et démontré l'existence d'une culture caribéenne aussi viable que singulière restaurant l'humanité des anciens sujets coloniaux.

Le discours d'Hilary Beckles s'appuie également sur des sources primaires collectées au long cours par ce chercheur en histoire sociale l'un des meilleurs spécialistes de l'esclavage dans le monde atlantique. D'autres sources primaires constituées par les déclarations faites au parlement britannique au cours du débat portant sur le bicentenaire de l'abolition de la traite par la Grande-Bretagne émaillent le texte de cet ouvrage qui invite le lecteur à d'incessants allers-retours entre la période contemporaine et celle des Temps Modernes ou du XIXe siècle. Cette caractéristique contribue à renforcer une idée majeure développée dans cet ouvrage, celle de la continuité des dynamiques et des effets de la traite et de l'esclavagisation de l'Africain dans les colonies britanniques de la Caraïbe.

Cet ouvrage se construit également sur le travail de terrain d'Hilary Beckles acteur du mouvement pour les réparations dans la Caraïbe et ailleurs, puisqu'il a exercé des fonctions de représentation d'organisations et d'institutions caribéennes lors de plusieurs conférences importantes sur la question des réparations. Hilary Beckles a également présidé le comité scientifique du projet « La route de l'esclave » mis en place par l'UNESCO en 1994.

Britain's Black Debt s'est écrit à la suite de la conférence mondiale des Nations Unies contre le racisme, la discrimination la xénophobie et l'intolérance qui s'est tenue à Durban, en Afrique du Sud, en 2001, pour dénoncer la résolution finale que les pays européens ayant mis en œuvre et bénéficié de l'esclavage de l'Africain dans la Caraïbe et en Amérique ont réussi à faire adopter au prix de manœuvres politiques dont Beckles dénonce le caractère néocolonial. Beckles expose les enjeux auxquels répond cette résolution qui affirme que l'esclavage et la traite n'étaient pas des crimes contre l'humanité au moment où ils ont été mis en œuvre, mais « qu'ils auraient dû l'être ». Hilary Beckles entreprend la réfutation de cette position et argumente que son adoption visait à empêcher l'établissement d'une base légale ouvrant droit à un processus de réparation et au paiement de compensations aux victimes ou à leurs héritiers.

Britain's Black Debt se révèle être un ouvrage présentant et développant le discours sur les réparations de « l'après Durban » élaboré par des organisations citoyennes transnationales de la société civile qui réclament aux gouvernements de la Caraïbe d'entreprendre des actions concrètes afin de faire avancer l'action pour les réparations. Il naît de la sollicitation d'Hilary Beckles par ces diverses organisations dans la Caraïbe, en Afrique, en Amérique du Nord, et en Europe qui lui ont demandé d'écrire le texte d'un argumentaire qui permettrait aux Caribéens d'entreprendre concrètement une action en vue d'obtenir des réparations. C'est pourquoi cet ouvrage constitue un texte rassemblant les éléments permettant d'accéder à une vision globale de l'histoire du monde atlantique qui fournit la base d'un argumentaire permettant d'engager une action en justice auprès de juridictions internationales compétentes en matière de droit international.

Ces circonstances de son élaboration lui confèrent une tonalité stylistique contrediscursive qui traduit une intention politique parfaitement assumée par l'auteur.

Beckles explique les tensions et rapports de forces autour de l'action des Caribéens et Africains pour les réparations par le fait que les Britanniques et certaines nations occidentales refusent le changement de paradigme vers lequel conduit le mouvement caribéen et panafricain pour les réparations. Il cite pour cela le commentaire que fait Lord Gifford à propos de la conférence d'Abuja préparatoire à celle de Durban :

> Ce qui dérange profondément les Britanniques dans le concept de réparation c'est qu'il change entièrement ce qui fonde le dialogue entre Noirs et Blancs, Nord et Sud, Européens et Africains. Au lieu de demandes d'aide formulées par des pays africains et délivrées par une Europe gentille et charitable, la Conférence d'Abuja demandait justice auprès d'une Europe qui avait commis des crimes (179).

Britain's Black Debt ne se contente pas de collecter des faits historiques, mais invite à des changements de perspectives et de paradigmes. Il constitue une contre-archive, car son balayage de l'Histoire du monde Atlantique depuis l'époque moderne, construit une nouvelle manière de penser. *Britain's Black Debt* devient une nouvelle archive, un système générateur régissant la production ainsi que l'émergence d'assertions qui permettent aux Caribéens d'envisager le futur en s'appuyant sur des idées nouvelles à propos de l'Histoire. Il contraint son lecteur à appréhender l'Histoire et à concevoir l'avenir au moyen de nouvelles conceptions, pour une liquidation de l'héritage négatif de la colonisation sur tous les rivages de l'Océan Atlantique et pour une transformation sociale qui répare tous les protagonistes de l'histoire de cette région depuis les Temps Modernes. C'est ce qu'exprime cet extrait du préambule de ce livre si important :

> La réparation dont je parle constitue la libération finale, la reconnaissance universelle de la vérité, deux conditions nécessaires à une rédemption culturelle et raciale dans l'évolution postmoderne de l'homme vers la dignité et la morale. La demande de réparations est un appel à une guérison collective pour clore ensemble ce chapitre de l'histoire (xvi).

Esclavage, Réparation, où se trouve l'anachronisme ?

Par Rosa Amelia Plumelle-Uribe

Avocate et Historienne Colombienne

Ecrivain spécialiste des traites et de l'esclavage

Dans cette contribution, nous faisons une analyse au sujet de la déportation d'Africains à l'univers concentrationnaire d'Amérique, leur réduction en esclavage, les Réparations juridiquement liées à ce crime et les arguments brandis par les adversaires du principe des Réparations. Pour des raisons méthodologiques, nous avons choisi les arguments hostiles les plus utilisés, ceux qui sont mis en avant à la radio, la télé, les journaux ou même dans les conversations dès qu'il est question des Réparations. En voici donc quelques-uns :

Les arguments brandis par les adversaires du principe des Réparations

Premier argument : Lorsque les Européens sont arrivés en Afrique, le commerce d'esclaves existait depuis longtemps parce que l'esclavage était une pratique ancienne sur le continent.

Deuxième argument : Si les Noirs veulent des réparations, ils devront s'adresser d'abord aux arabo-musulmans, parce que ce sont eux les premiers qui ont commencé à pratiquer le commerce d'esclaves Africains.

Troisième argument : Les commerçants européens ont surtout acheté les esclaves que les mêmes Africains vendaient sur place faisant ainsi office d'intermédiaires entre les négriers africains et les planteurs d'Europe en Amérique.

Quatrième argument : À l'époque des faits, ces atrocités n'étaient pas un délit, alors, on ne peut pas interpréter et juger des faits vieux de deux siècles avec les critères d'aujourd'hui, par conséquent, exiger Réparation pour ces faits est d'un anachronisme lamentable.

Analyse des arguments

L'argument expliquant le trafic négrier transatlantique parce que l'esclavage aurait été une pratique ancienne en Afrique, est une insulte couramment utilisée par les négrophobes au 19ème siècle dans des termes que voici : « … *Nous demandons, quel crime ont commis, vis-à-vis de la race noire, les hommes qui sont allés la chercher en Afrique pour la transplanter ici, substituant ainsi le maître civilisé et chrétien au maître barbare (…) ? Ceux qu'une destinée bienveillante désigna pour cet exode quittèrent, non une patrie, mais un charnier sanglant (…). Quoi ! Vous nous reprochez cet esclavage que nous n'avons pas créé pour vous, puisque déjà vous étiez esclaves, tandis que nous vous avons soustraits aux sacrifices humains…* »[1].

Cette manifestation de haine brandie comme un argument par les héritiers des anciens esclavagistes européens, chrétiens et juifs, a forgé et véhiculé l'image des Africains pratiquant l'esclavage depuis toujours, et ayant la fâcheuse habitude de se vendre les uns les autres. Image qui encore aujourd'hui sert à renforcer le sentiment d'une supériorité morale des Européens dont le corollaire serait l'infériorité des Africains[2].

Pour que cette distorsion de la réalité devienne un lieu commun, il a fallu passer sous silence la réalité. C'est-à-dire que les Européens, loin d'avoir mis fin au commerce des esclaves après l'antiquité, ont continué à se vendre les uns les autres. Si bien que, au 8ème siècle, lorsque les esclavagistes musulmans, arabes et berbères islamisés, sont arrivés en Europe et ont colonisé une partie du territoire espagnol, le commerce d'esclaves européens jusqu'alors intra-européen est devenu international[3].

---

[1] Journal *La Défense coloniale* février 1882, publié à Saint-Pierre en Martinique et cité par Victor Schœlcher in *Polémique coloniale*, 1er volume, 1ère édition 1882, 2ème édition, Fort-de-France, 1979, p. 9.

[2] Il suffit de regarder la série de mensonges et tergiversations vomis dans la Revue L'HISTOIRE N° 878/Février 2020 où ils rejoignent le discours du journal La Défense coloniale.

[3] Pour une étude approfondie sur ce sujet, voir Charles Verlinden, *L'esclavage dans l'Europe Médievale*, tome 1, Belgique, 1957, et tome 2, Belgique, 1977.

En effet, des Chrétiens européens vendaient d'autres Européens, souvent chrétiens eux aussi, à des marchands juifs faisant la traite entre certains pays d'Europe et le monde musulman. Autrement dit, il n'existe aucune supériorité morale des Européens vis-à-vis des Africains. Car, non seulement les Européens vendaient d'autres Européens, ils ont même créé en Europe, notamment à Verdun, des centres de castration tenus par des commerçants juifs, pour fabriquer des eunuques très demandés par les acheteurs musulmans[4].

Le deuxième argument est celui suivant lequel, si les Noirs veulent Réparation ils doivent s'adresser d'abord aux Arabo-musulmans parce que ce sont eux qui ont inauguré en Afrique le commerce d'êtres humains. Certes, au milieu du 15ème siècle, lorsque les Portugais ont débarqué en Afrique, les esclavagistes musulmans avaient transformé, depuis sept ou huit siècles, certaines régions du continent en réservoir d'esclaves expédiés vers les pays musulmans[5]. Mais, la question n'est pas là. La question est celle-ci : « Pourquoi les descendants d'Africains déportés en Amérique devraient s'adresser aux arabo-musulmans ? » Ils n'ont rien à faire avec eux.

---

[4] Voir d'Évariste Lévi-Provençal, *L'Espagne musulmane au Xe siècle*, Paris, Maisonneuve Larose, 2002.

[5] A ce sujet, voir Murray Gordon, *L'esclavage dans le monde musulman VII-XX siècle*, Robert Laffont, 1987 et aussi Jacques Heers, *Les négriers en terres d'islam. La première traite des Noirs VIIè-XXè siècle*, Perrin, 2004.

Les négriers qui ont obligé des millions d'hommes, de femmes et d'enfants Africains à traverser l'Atlantique, enchainés à fond de cale dans les bateaux négriers, n'étaient pas Arabo-musulmans. Et dans l'univers concentrationnaire d'Amérique, les esclavagistes qui les faisaient travailler jusqu'à ce que mort s'ensuive, n'étaient pas non plus Arabo-musulmans, ils étaient Européens, Chrétiens les uns, Juifs les autres[6]. Dès lors, non seulement il est irrecevable, il est aussi indécent de dire que les Noirs, descendants d'Africains déportés à l'univers concentrationnaire d'Amérique, devraient exiger Réparations d'abord aux Musulmans au motif qu'ils ont été les premiers négriers.

Le troisième argument est lié au premier. Il sert à renforcer le préjugé suivant lequel, le commerce d'êtres humains aurait été une affaire exclusivement africano-africaine. C'est pourquoi le discours des esclavagistes chrétiens et juifs, repris par les spécialistes travaillant sur ce sujet, est véhiculé et amplifié par tous les moyens. Cette narration historique est très importante parce qu'elle instrumentalise les complicités locales dont bénéficièrent les négriers européens en Afrique et dans le même temps occulte les résistances africaines noyées dans le sang.

---

[6] Concernant le rôle des négriers et esclavagistes juifs pendant toute la période du trafic négrier, voir José Gonçalves Salvador, *Os Magnatas do tráfico negreiro, séculos XVI e XVII,* Universidade de São Paolo, Brasil, et aussi Plumelle-Uribe*, Victimes des esclavagistes musulmans, chrétiens et juifs,* Anibwe, 2012.

Les premières attaques d'une portée dévastatrice pour l'Afrique ont été faites par les Portugais qui vers le milieu du 15ème siècle se tenaient à l'avant-garde de la navigation. La résistance des Africains, qui ne connaissaient pas les armes à feu, fut écrasée dans le sang par l'artillerie des Portugais qui s'en servaient avec une violence sanguinaire jusqu'alors méconnue dans ces pays. Nous savons qu'il y eut des nombreuses résistances comme celle de Mombassa attaquée en 1505 :

« Aidés par des alliés africains, les habitants se battent contre les Portugais dans les ruelles de la ville, jusqu'au palais du roi. Ayant pris d'assaut le palais, les Portugais forcèrent le roi à se rendre. La ville fut mise à sac et incendiée. En 1528, Mombassa était de nouveau attaquée. Après quatre mois d'occupation, les Portugais rasèrent la ville. Mais, quarante années plus tard, en 1569, Mombassa s'était repeuplée. Vers 1586, la ville fut à nouveau rasée et la tête du roi emmenée et exhibée à Goa, en Inde, où se trouvait le lieu de résidence principale du représentant du roi du Portugal dans l'océan Indien »[7].

Quelles que soient les complicités locales dont les négriers auraient bénéficié, il n'en demeure pas moins que, dans l'univers concentrationnaire d'Amérique, l'asservissement des Africains et de leurs descendants était de la stricte responsabilité des esclavagistes occidentaux, chrétiens et

[7] Louise Marie Diop-Maes, *Afrique noire. Démographie, sol et histoire*, Présence Africaine, pp. 206-207, d'après L'Histoire générale de l'Afrique, volume 5, chapitre 25 ;

juifs, ainsi que des États qui ont même réglé juridiquement ces crimes contre l'humanité.

Le quatrième argument comme les antérieurs, est un lieu commun où se rejoignent les adversaires des Réparations, ignorants, intellectuels ou spécialistes, pour nous expliquer de la manière la plus condescendante, qu'il faudrait éviter les anachronismes. Ils prétendent que l'exigence de Réparations juridiquement liées aux crimes de la traite et l'esclavage serait un anachronisme qui consiste à juger et interpréter des faits vieux de plusieurs siècles, avec les principes et les valeurs d'aujourd'hui. Et ils affirment qu'à l'époque des faits ces atrocités ne violaient aucune norme juridique et n'étaient même pas perçus comme un délit.

Suivant une opinion très répandue, avant le siècle des Lumières il n'était même pas pensable une condamnation du couple traite/esclavage, telle que nous le faisons aujourd'hui. Car, ces condamnations seraient devenues possibles grâce et seulement grâce à la pensée des philosophes du 18ème siècle, dont la Révolution française et la Déclaration des Droites de l'Homme ont été la prolongation.

Au 13ème siècle, soit cinq siècles avant les Lumières, la Révolution française et la Déclaration des Droits de l'homme, la Charte du Manden proclamée en 1222 dans la première capitale de l'empire du Mali, a bel et bien déclaré dans son article 1, que « *Toute vie [humaine] est une vie* » et que « *une vie n'est pas plus respectable qu'une autre vie. De même qu'une vie n'est pas supérieure à une autre vie* » ; dans l'article 2 de la Déclaration est dit « *Toute vie étant une vie, Tout tort causé à une vie exige réparation* (…) » ; et dans les articles 5 et 6 l'esclavage est banni du Manden[8]. Et pour que cette déclaration ne reste pas dans le domaine de la rhétorique, les autorités du Manden ont mené une guerre à mort contre les esclavagistes musulmans qui y sévissaient.

Et si moins d'un siècle et demi plus tard, le fléau de l'esclavage et le commerce d'êtres humains, comme un cancer repoussait partout au Mali, sous le règne des empereurs musulmans, cette lamentable régression ne saurait pas changer d'un iota la réalité des principes antiesclavagistes qui ont guidé le combat des abolitionnistes du Mandé au début du 13ème siècle.

Au 17ème siècle, soit quatre siècles après la Charte du Manden, peu de temps avant la publication en France du décret de 1685, connu comme le **code noir** et plusieurs décennies avant les Lumières, eut lieu un événement dont les spécialistes de la traite et l'esclavage ont choisi de ne rien dire : Deux capucins, l'Espagnol Francisco José de Jaca et le Français Épiphane de Moirans ont sollicité, outre les Écritures et la théologie la lumière de la raison et les droits humains.

Débarqué dans l'univers concentrationnaire d'Amérique, le Prêtre capucin Francisco José de Jaca envoyé par sa Congrégation prêcher l'évangile, fut terrifié par les atrocités

---

[8] Youssouf Tata Cissé, *La Charte du Manden, Du Serment des chasseurs à l'abolition de l'esclavage*, Lisbonne, Triangle Dankoun, 2015.

qu'il percevait comme la laideur absolue du mal dans toute sa dimension. Très rapidement il est devenu ouvertement hostile à ce système qu'il appela criminel. Et très rapidement aussi, il est devenu la cible de poursuites des autorités civiles et ecclésiastiques. Arrêté et emprisonné, de Jaca est finalement expulsé et renvoyé vers l'Espagne via Cuba.

À la Havane, de Jaca fait la connaissance du missionnaire français Épiphane de Moirans envoyé, lui aussi, divulguer la parole de l'évangile dans le Nouveau Monde. À Cayenne où il a exercé son ministère, l'horreur quotidienne intrinsèque à cet univers concentrationnaire a violemment heurté la sensibilité humaine de ce capucin. Et très rapidement il s'est mis à prêcher l'abolition de l'esclavage ainsi que le paiement de RÉPARATION aux victimes et/ou aux ayants droit. C'était bien plus que les autorités civiles françaises et sa hiérarchie ecclésiastique ne pouvaient tolérer. Le Prêtre de Moirans fut donc poursuivi, arrêté et finalement renvoyé lui aussi.

Suite à leur rencontre, ces deux missionnaires unissent leur volonté, leur force et leur capacité de travail pour l'abolition de l'esclavage et le versement de RÉPARATION aux victimes. De retour en Europe, contrairement à Monsieur Montesquieu au siècle suivant, de Jaca et de Moirans ne se sont pas contentés de faire des ironies de salon au sujet de l'esclavage et des esclaves. Ils ont mené une longue lutte à la cour royale d'Espagne et à la cour pontificale de Rome. Grâce au soutien de certaines personnalités, vraisemblablement, favorables à leur combat contre le crime d'esclavage, ils ont réussi à porter leurs dénonciations et introduire leur requête auprès du roi. On remarquera que dans un Mémoire adressé l'an 1681 au roi d'Espagne, **Charles II**, le Prêtre de Jaca intitule « *Les droits de l'homme* » (« *humanos derechos* ») la première partie de son Mémoire.

Dans son Mémoire intitulé « *Esclaves libres ou défense juridique de la liberté des esclaves* », de Moirans emploie le mot déportation dès qu'il fait allusion au trafic négrier. Et dans le chapitre intitulé « *Les maîtres des Noirs sont tenus de leur restituer les fruits de leur travail* », de Moirans affirme sans détour : « *les maîtres ne sont pas seulement pas tenus de restituer aux Noirs leur liberté, mais aussi de leur donner réparation de tous les préjudices qu'ils ont dû supporter à cause de cette aliénation* ».

Ces abolitionnistes ont littéralement harcelé la Congrégation de la propagation de la foi, dont ils dépendaient en tant que missionnaires, pour que celle-ci soumît au Saint-Office de l'Inquisition un questionnaire contenant l'essentiel de leurs exigences d'abolition de l'esclavage et de RÉPARATION aux victimes. Le résultat officiel de cette longue lutte est un document daté à Rome le 20 mars 1686 dont voici quelques réponses aux questions posées :

Jeudi 20 mars 1686

Décret du Saint-Office sur plusieurs doutes qui lui ont été soumis par la Sacrée Congrégation de la Propagation de la Foi.

Est-il licite de capturer avec violence ou tromperie des Noirs et d'autres sauvages non-belligérants ? Leurs éminences disent qu'il n'est pas licite.

Est-il licite d'acheter ou vendre des Noirs et d'autres sauvages non-belligérants, capturés avec violence ou tromperie et de marchander à leur propos de quelque autre façon ? Leurs éminences disent qu'il n'est pas licite.

Les maîtres de Noirs et d'autres sauvages non-belligérants, capturés avec violence ou tromperie doivent-ils les affranchir ? Leurs éminences disent qu'ils le doivent.

Les acheteurs des Noirs et d'autres sauvages non-belligérants, capturés avec violence ou tromperie, et les maîtres, sont-ils obligés de les dédommager des dams subies ? Leurs éminences disent qu'ils y sont obligés »[9].

Conclusion

Francisco José de Jaca et Épiphane de Moirans payèrent le prix fort de ce combat pour l'abolition de l'esclavage et la RÉPARATION aux victimes de ce crime contre los humanos derechos. Et cela avant même que Monsieur Colbert eût l'initiative de créer cette monstruosité juridique que nous connaissons comme « *le code noir* », conçu pour régler « *le génocide le plus glacé de la modernité* »[10].

En 1689, de Moirans (45 ans) meurt en France au couvent de Tours et de Jaca (44 ans) meurt en Espagne près de

[9] Louis Sala-Molins, ESCLAVAGE RÉPARATION *Les Lumières des capucins et les lueurs de pharisiens*, Paris,

[10] Louis Sala-Molins, Le code noir ou le calvaire de Canaan.

Madrid. Ces abolitionnistes ont tout sacrifié au combat pour la liberté des Noirs et pour que des réparations soient versées aux victimes de ce crime et aux ayants droit. Si encore aujourd'hui leurs noms demeurent inconnus et absents des manuels d'histoire de la traite négrière et de l'esclavage, c'est parce que depuis toujours, ce que nous appelons le savoir historique, n'est que la narration ou le récit de l'interprétation faite par ceux qui ont assez de pouvoir pour imposer leur vision.

Ces capucins non seulement ont considéré que la traite et l'esclavage étaient un crime contre les droits humains, ils ont exigé la fin immédiate de ce crime et le paiement de réparations aux victimes. Ils ont porté cette exigence à la Cour Royale d'Espagne et même au Vatican. Ils n'ont pas attendu le siècle des Lumières pour condamner dans les faits et dans le droit l'asservissement des Noirs dans l'univers concentrationnaire d'Amérique. Si, comme nous l'avons souligné, à l'article 2 de la Déclaration du Manden est dit que « Tout tort causé à une vie exige réparation », et si au 17ème siècle les deux capucins mentionnés se sont battus pour l'abolition du couple traite/esclavage et pour que des Réparations soient payées aux victimes de ce crime, ainsi qu'à leurs ayants-droit,

Où se trouve alors l'anachronisme ?

Malédiction de Cham, une vaste fumisterie

Par René Louis Parfait Etile

Égyptologue Martiniquais

Il semble difficile pour les Nègres de parler de leurs propres souffrances. Deux exemples suffisent : Pas un seul monument à la mémoire des plus de 20 millions de Nègres massacrés n'a été construit dans l'ancien Congo belge. Le Président du Pays va pourtant prier sur le « Mur des Lamentations » ! Combien de temps a-t-il fallu au Sénégal pour remémorer le massacre de Thiaroye commis par la France ? Il faut donc saluer avec respect et gratitude les sœurs et frères du MIR.

ACTE 1 : En finir avec l'obsession biblique

Pour l'Occident et pour la quasi-totalité des pays jadis colonisés par les leucodermes, la « Terre sainte » correspond géographiquement à Israël, y compris le territoire syrien annexé du Golan (environs de la région de Baniyas, Panéas ou Césarée de Philippe) et des territoires sous autorité palestinienne (Cisjordanie et bande de Gaza) jusqu'à la côte méridionale du Liban (avec Tyr et Sidon) et une partie de la Jordanie (Béthanie-au-delà-du-Jourdain). Cette Terre joue aussi un rôle dans la naissance de l'islam, puisque la tradition islamique y place le voyage céleste de Muhammad à partir de la future esplanade d'Al-Aqsa à Jérusalem.

Cependant voici ce que dit la science dans la bouche même de chercheurs israéliens ! : « ... *Le noyau historique central du Pentateuque et de l'histoire deutéronomiste fut composé, dans ses grandes lignes, au cours du VIIe siècle av. J.-C. (…) La saga historique, que nous conte la Bible (…) ne doit rien à une quelconque révélation miraculeuse ; elle est le brillant produit de l'imagination humaine (…) la saga de l'Exode d'Israël hors d'Égypte n'est pas une vérité historique (…)* » (*La Bible dévoilée, de Israël Finkelstein et de Neil Asher Silberman*).

Ou encore : « *Bien qu'une grande partie du récit biblique se passe en Ancienne Égypte, Abraham, Joseph, Moïse sont introuvables dans l'état actuel des recherches archéologiques. (…) Il n'existe aucune preuve archéologique de leur existence (existence du peuple hébreu) tels qu'ils sont décrits dans la Genèse et dans l'Exode. (…) Est-il possible qu'une population ayant vécu 430 ans dans le pays d'Égypte, dont 210 d'esclavage sous plusieurs pharaons, ait pu fuir cette contrée en déjouant toute l'armée égyptienne ? Est-il possible de s'installer en terre de Canaan sans aucune réaction de l'autorité pharaonique, sachant que tout au long de son histoire, l'Égypte administrait cette province. (…) Pourquoi 200 ans de recherches dans les sables, dans les tombes et dans les temples n'ont-ils rien prouvé ?* » (*Les Secrets de l'Exode, Messod et Roger Sabbah*)

C'est un fait scientifique : les écritures sémites sont postérieures aux hiéroglyphes pharaoniques. Le plus ancien texte trouvé en langue arabe date seulement de 328 après J.-C. ; c'est celui du tombeau d'un chef arabe de Nemra, près de Damas. Or les Arabes pensent que pour connaître Dieu, seul le Coran le permet ! Un dialecte cananéen très connu est l'hébreu. D'après la tradition hébraïque même, les Hébreux ont adopté la langue et les lieux de culte des

Cananéens. Or après les gloses d'El Armana (Haute-Égypte) [lettres écrites en langue babylonienne et en caractères cunéiformes par les petits vassaux palestiniens du XVe siècle avant J.-C. au pharaon de Kémèt Aménophis IV (Akhenaton)], le monument le plus ancien en langue cananéenne est l'inscription triomphale du roi moabite Mesha (environ 900 av. J.-C.).

Pourtant, les Juifs enseignent que les Saints ne comprennent que l'hébreu et que le Dieu Yahvé ne parlerait qu'hébreu, mais comprendrait les autres langues !

De la dépêche de l'agence de presse Reuters du 15 décembre 1998 (9h45), le directeur de l'Institut d'Archéologie d'Allemagne, Günter Dreyer, déclarait : « *Nous pensions que les Sumériens avaient été les pionniers de l'écriture* ». Celle-ci signalait à la communauté scientifique internationale qu'une équipe allemande d'archéologues avait fait des découvertes importantes en Afrique. Ces nouvelles données obligent les chercheurs internationaux à proclamer tout simplement l'autopsie de la thèse de l'invention de l'écriture en Mésopotamie. En effet, à Abydos (400 Km au sud du Caire), l'équipe du professeur Dreyer a trouvé environ 300 poteries dans un ancien cimetière royal. Les inscriptions hiéroglyphiques découvertes sur celles-ci datent de 3 400 Av. JC., bien avant l'apparition de l'écriture cunéiforme. Donc l'Afrique, le « Berceau de l'Humanité », est aussi le vrai « Berceau de l'écriture ».

Même la Bible situe une bonne partie du fameux « Jardin d'Eden » en Afrique puisque : Un fleuve sortait d'Eden pour arroser le jardin. De là, il se divisait en quatre bras. Le nom du premier : Pichôn. Or d'après l'Hébreu, le mot « Pichôn » signifie « Le Nil ». Le deuxième fleuve cité dans la Bible se nomme Guihôn, au Pays de Koush, au sud de Kémèt. Par conséquent, il s'agit-là aussi du Nil.

Les écrits des Grecs anciens prouvent l'antériorité spirituelle chez les Nègres. Par exemple, citons : « *Zeus est parti hier du côté de l'Océan prendre part à un banquet chez les Nègres sans reproche, et tous les dieux l'ont suivi. Dans douze jours, il retournera dans l'Olympe.* » (Iliade I, 423-425, Homère) ; Ulysse pleurant Triptolème dit : « *Je n'ai vu de plus beau que le divin Memnon.* » (*Allusion à Memnon, roi des Nègres ; voir Odyssée XI, 522, Homère*).

Concernant le Christianisme primitif, rajoutons des faits oblitérés : Existence terrestre ou pas, les plus anciennes représentations du Jésus, Jésus-Christ et aussi de sa mère Marie sont à carnation noire. (Voir par exemple la plus ancienne Cène dans Catacombes romaines et la plus ancienne représentation de Marie et l'enfant ; pour Jésus-Christ voire les papyrus coptes). Remarquons que la plus ancienne « apparition » mariale est située au Puy-en-Velay (Vierge noire). Il est reconnu que les « Vierges noires » sont en fait des avatars de la « déesse Isis » (en fait elle est une manifestation divine et son vrai nom africain est Aséta qui donnera Aïssatou)

Les « *Textes des Pyramides* », textes Kamits (comprendre Nègres) de l'Égypte pharaonique (Kémèt) gravés à partir du Pharaon Ounas (V^{e} dynastie), présentent les plus anciens écrits religieux, les plus anciens écrits sacrés, les plus anciens écrits spirituels de l'Histoire de l'Humanité, jusqu'à preuve du contraire !

Pourquoi la « race noire » aurait-elle été maudite, alors que le Continent Noir a vu naître non seulement les premiers *Homo sapiens* mais aussi les plus anciens écrits adressés à la Divinité ? Vaste fumisterie de racistes cupides et criminels ?

ACTE 2 : **La fameuse malédiction et quelques-uns de ses avatars**

L'ivresse de Noé est un épisode biblique rapporté dans Genèse 9 : 18-29. Il comprend la malédiction de Canaan, fils de Cham (Ham, Kam), lui-même fils de Noé. Le préjugé raciste de couleur attaché à la malédiction de Cham va naître tardivement de l'exégèse d'un Père de l'Église, Origène (182-254).

Les Blancs afin de légitimer les razzias négrières et l'esclavage des Noirs, se servirent de cette vieille histoire, jusque-là assez peu utilisée dans le monde occidental, celle de la malédiction de Cham. Le Pape Nicolas V et l'Église catholique bénissent ce crime contre l'Humanité le 8 janvier 1454 ; le Noir deviendra un « bien meuble » (*article 44 du Code Noir*). Ainsi le Professeur Louis Sala-Molins dit justement : « *La Loi de Moïse, les Cananéens, les Africains ? L'esclavage des Cananéens prétexte à l'esclavage des Africains ? Oui, tout cela se tient…* » (*Le Code Noir ou le calvaire de Canaan*).

Les commentaires bibliques des rabbins qui ont poussé au racisme et à la haine des Nègres sont khazars. Ils n'ont quasiment rien à voir avec les Hébreux historiques (voir par exemple Shlomo Sand, *Comment le peuple juif fut inventé*). Certains disent que Cham émascula Noé au plus noir de la nuit : pour cette raison les enfants de Canaan naîtront vilains et Noirs. Leurs cheveux deviendront crépus, car Cham se serait contorsionné pour voir la nudité de son père. Leurs lèvres vont enfler, car Cham s'est moqué de son père. Leur sexe s'allongera ignominieusement, car Cham a manqué d'égards pour la nudité de son père. Canaan commanderait à sa descendance d'aimer le vol et la fornication, de haïr leurs maîtres et de toujours mentir. (*Le Talmud de Babylone Sanhedrin 72a-b, 108 b et Pesahim 113b ; Tanhuma Buber Genèse 49-50 ; Tanhuma Noah 13,15 ; Genèse Rabba 341*). D'autres disent que c'est Canaan qui émascula Noé. (*Tanhuma Buber Genèse 48-49 ; Genèse Rabba 338-40 ; Pirqe Rabbi Éliézer, ch. 23*). Un passage du *Midrash* ajoute la sodomie aux « crimes » de Cham.

La plus grande autorité rabbinique de ces derniers siècles, le rabbin Moïse Maïmonide (1138-1204) a aussi décrit « *les origines de Satan* » (sic). Il s'agit d'un ange déchu nommé « *Samaël noir* », il serait venu séduire Ève dans le Jardin d'Éden (en l'absence d'Adam). De son union avec Ève serait né Caïn. Il aurait aussi forniqué avec Adam. Ce même rabbin (Maïmonide) dans un ouvrage considéré par les Juifs comme le plus grand en matière de philosophie religieuse juive (*Le Guide des égarés, livre III, chapitre 51*) nous dit ceci du Peuple Noir : « *... leur nature est semblable à celle des animaux muets, et selon mon opinion, ils n'atteignent pas au rang d'êtres humains ; parmi les choses existantes, ils sont inférieurs à l'homme, mais supérieurs au singe, car ils possèdent dans une plus grande mesure que le singe l'image et la ressemblance de l'homme* ».

Les Musulmans ne sont pas « innocents ». Par exemple, Al-Idrisi, un géographe arabe né en 1100 (le plus lu à l'époque en Occident même) pense que les Noirs étaient par force d'essence inférieure et il accréditait tout naturellement l'idée que leur malheureuse destinée, notamment de vivre esclaves, tenait au fait d'être nés dans le pire de tous les climats.

Al-Dimeshkri, vers 1300, bon musulman et auteur d'une Cosmographie, écrit à propos des Noirs : « *Aucune loi divine ne leur a été révélée. Aucun prophète ne s'est montré chez eux... Leur mentalité est proche des animaux...* »

Nous pouvons lire sous la plume de l'historien arabe Ibn Khaldoun (1332-1406) : « *Il est vrai que la plupart des nègres s'habituent facilement à la servitude ; mais cette disposition résulte, ainsi que nous l'avons dit ailleurs, d'une infériorité d'organisation qui les rapproche des animaux bruts. D'autres hommes ont pu consentir à entrer dans un état de servitude, mais cela a été avec l'espoir d'atteindre aux honneurs, aux richesses et à la puissance* » (*Les Prolégomènes, IV*). Rajoutons : « *... malodorants... des membres disproportionnés, un esprit déficient et des passions dépravées...* »

ACTE 3 : L'antériorité historique africaine et la spiritualité de Kémèt atomisent les malédictions anti-nègres.

Commençons par une critique de la Thora (qui correspond à quelques textes près à l'Ancien Testament de la Bible). Il n'existe pas à l'origine en Israël une croyance dans la vie éternelle ou une croyance en la résurrection des justes. Les âmes des défunts, justes ou mauvaises, sombraient dans le Shéol, royaume des morts et lieu fantomatique peuplé d'ombres errantes. Il suffit de lire dans *Ecclésiaste* 9,2 : « *Tout est le même pour tous : un sort unique pour le juste et le méchant, pour le bon et le mauvais, pour le pur et l'impur, pour celui qui sacrifie et celui qui ne sacrifie pas* ». En effet, dès la création, le fameux dieu Yahvé interdit la vie éternelle aux humains : « *L'Éternel Dieu dit : Voici, l'homme est devenu comme l'un de nous, pour la connaissance du bien et du mal. Empêchons-le maintenant d'avancer sa main, de prendre de l'arbre de vie, d'en manger, et de vivre éternellement.* »*Genèse* 3, 22. C'est seulement à partir du IIe siècle avant Jésus-Christ que l'on voit apparaitre la notion de l'âme ! (Voir Livre de Daniel et second Livre des Maccabées).

L'origine africaine des *Homo sapiens* étant un fait acquis, tous les religieux, qui croient à une « Malédiction de Cham », doivent admettre que leur Dieu est le « Roi des cons ». En effet la Thora, la Bible et le Coran admettent la création de l'Humanité à l'image de Dieu. Toutes les sciences ont confirmé l'antériorité des Nègres, n'en déplaise à la « White supremacy » ! Ce seul fait suffit à détruire tous les présupposés racistes.

Voici une liste (non exhaustive) de concepts nègres qui sont tous des faits scientifiquement attestés par les écrits hiéroglyphiques. Les sources sont nombreuses et toutes antérieures à la rédaction de la Thora, de la Bible et du Coran. Nous nous contenterons de citer une seule source pour chacun des concepts.

Concept d'unicité de la Divinité (*Le Grand Hymne à Aton*) ; concept de « Terre Sainte », « Terre divine » : c'est le « To Nétèr », Terre de la Divinité située au niveau des Grands Lacs africains au sud de Kémèt (T. Bardinet, *Les Papyrus médicaux de l'Égypte pharaonique*) ; Concept de « Lumière divine » : c'est Râou Rê (*Textes des Sarcophages*) ; Concept de Prière : les plus anciennes prières écrites (*Textes des Pyramides*) ; Concept de l'Âme et d'Ange

(*Textes des Pyramides*) ; Concept de la pesée de l'Âme (*Papyrus de Hounefer*) ; Concept de la Résurrection (la plus ancienne résurrection écrite attestée est celle d'Osiris, voir par exemple *Papyrus d'Ani*) ; Concept de la Vie éternelle (*Textes des Pyramides*) ; Concept de la Trinité (*Temple de Louxor* : Amon-Rê/Mout/Khonsou) ; Concept de « l'Immaculée Conception » (conception d'Horus fils d'Isis et d'Osiris, *Temple funéraire du pharaon Sethi Ier*) ; Concept du Partage du Pain, du vin (*Textes des Sarcophages*) ; Concept de Communion (*A. Moret, Rois et dieux d'Égypte*) ; Concept de Sacré-Cœur : la croix dite latine sur le cœur est un attribut d'Osiris (*Hiéroglyphe Néfèr* qui signifie « bon, parfait, beau ») ; Concept de Croix (la croix *Ankh* est un signe de vie éternelle) ; Concept de l'eau bénite (*Textes de rituels de purification ; lacs sacrés de Kémèt* en particulier *Lac sacré du Temple de Karnak*) ; Concept de l'encens (Bas-relief, offrande d'encens par le Pharaon Sethi Ier, *Temple d'Osiris à Abydos*) ; Concept de Baptême (*celui du Pharaon Amenhotep Ier par Anubis et Maât*, *Vallée des Rois*) ; Concept de Paradis et d'Enfer (Paradis : Champs d'Ialou, *Tombe de Sennedjem, Deir el-Medineh* / Enfer : le feu des « puits ardents » dans lesquels seront jetés les damnés, *Tombeau de Sethi Ier, Vallée des Rois*) ; Concept Serpent diabolique (*Livre des Portes, Tombe de Ramsès Ier, Vallée des Rois*) ; Concept de Commandements divins : 42 Commandements appelés aussi « la Confession négative » ou « les Commandements de la MAÂT » (*Papyrus d'Ani*) ; Concept de Passion (La Passion d'Osiris et sa mise à mort par les Séthiens, *Textes des Pyramides*) ; Concept de disciples (Horus fils d'Osiris intronisé devant ses 12 disciples, *Livres de l'au-delà, septième heure d'Amdouat*) ; Concept de Croix (Croix Ankh, Croix de la Vie éternelle, *Textes des Pyramides*) ; Concept de la Symbolique du

Poisson (Symbole d'Ousiré, car noyé dans le Nil, puis découpé en 14 morceaux, son phallus fût avalé par un poisson / Osiris sous forme de poisson, *Tombeau de Khabeknet, XIXe dynastie*) ; Concept de Chemin de Croix (Passion d'Osiris / suite à son meurtre, les 14 morceaux de son corps, éparpillés sur le territoire de Kémèt, sont à l'origine symboliquement des 14 étapes du Chemin de Croix de Jésus) ; citons rapidement d'autres concepts nègres : la fête des rameaux (liée à Isis), la Pâque osirienne, la descente aux enfers le deuxième jour suite à sa mort terrestre (pour Osiris) et son ascension au ciel.

Enfin il est bon de noter que la revue « *Le Monde de la Bible* » (numéro 216 mars/avril/mai 2016), reconnaît l'antériorité de la Spiritualité kamite sur le Christianisme et sur toutes les autres religions (en particulier l'antériorité de l'histoire d'Osiris et de sa résurrection sur celle de Jésus) ! Vous ne pouvez pas dire que cette revue biblique est pro-Kémèt ou encore moins pro-nègre !

CONCLUSION

Nous voyons qu'il vaut mieux se taire, et passer pour un imbécile, que d'ouvrir sa grande bouche et laisser aucun doute à ce sujet. Cependant, l'un des grands maux de ce monde est que trop souvent les imbéciles criminels gagnent. Nous devons unir nos efforts et rester vigilants face à la bêtise humaine (racisme, élection divine autoproclamée, xénophobie, assassinat des justes, colonialisme, esclavages modernes, persécutions des faibles, misogynie,...). Aucune concession scientifique, juridique, morale, etc., bref aucune concession « maâtique » (de la Maât, Vérité-Justice chez les Kamits) ne doit être accordée aux crimes contre l'Humanité. Les réparations idoines doivent être systématiquement mises en œuvre. Oui, le Nègre a une âme. C'est un concept nègre, mais aussi une des plus belles créations de la raison humaine !

Esclavage Réparation

Extraits du livre « Esclavage Réparation - Les lumières des capucins et les lueurs des pharisiens » Ed. Lignes, 22 septembre 2014 (ISBN 978-2-35526-132-9)

Par Louis Sala-Molins

Professeur de philosophie politique, spécialiste des pratiques de l'inquisition romaine et des codifications de l'esclavage des Noirs

Présentation succincte de l'Éditeur « Lignes » que nous remercions pour son aimable autorisation à reprendre de larges extraits de ce livre :

« *La question politique va se poser intensément des réparations dues au titre du crime de la traite négrière. Début 2015. Louis Sala-Molins, l'éditeur du Code Noir (13 éditions), prend parti en présentant les livres de colère de deux Capucins de la fin du dix-septième siècle, qui exigeaient non seulement la cessation immédiate de cette infamie, mais, déjà, des réparations sans condition.* »

Nous remercions infiniment l'auteur Monsieur Louis Sala-Molins pour sa générosité et sa disponibilité et qui a écrit pour nous cette note présentant les deux moines Capucins de la fin du dix-septième siècle, qui exigeaient non seulement la cessation immédiate de cette infamie qu'est l'esclavage, mais, déjà, des réparations sans condition. :

« Peu d'années avant que Versailles ne se couvre de gloire en promulguant le CODE NOIR, qui légalise l'esclavage et donne à l'esclave le statut mirobolant de « bien meuble » monnayable comme une bête de somme ou les carpes d'un étang, Epiphane de Moirans et Francisco José de Jaca néantisent dans un puissant argumentaire toute parenté possible entre esclavage et droit : illégaux, traite et esclavage doivent cesser sans délai. Ils énumèrent les conséquences, en droit, de cet acte juridique. Parmi lesquelles, celle-ci : pour l'achat crapuleux et l'épouvantable traversée de l'Atlantique, pour le travail non payé, l'effroyable labeur imposé, les coups endurés, les tortures et les souffrances infligées, les châtiments supportés, les crimes perpétrés, réparation totale est due non seulement à chaque esclave vivant au moment de l'abolition de l'esclavage, mais aussi aux ayants-droit de chaque esclave décédé avant ce jour, sans limitation aucune dans le nombre de générations. »

Chapitre : Prologue

Aujourd'hui encore, les effets culturels, économiques et sociaux d'un esclavage pluriséculaire pèsent de tout leur poids sur les épaules et les esprits de la plupart des descendants des esclaves noirs de jadis. Personne ne nie cette évidence.

Le génie français a trouvé des mots définitifs pour régler à jamais la question des réparations dues aux esclaves noirs et à leurs ayants droit pour le travail écrasant et les peines infinies supportées tout le long de l'interminable durée de leur calvaire.

L'Histoire en retient trois, au moins, qui firent loi. Et, en supplément, un geste muet qui, par omission, n'en fit pas moins.

IIe République, 1848 : seconde et définitive abolition de l'esclavage dans les îles à sucre de la Grande Nation. Sans nullement envahir les esprits d'alors, passablement indifférents au sort des Noirs au bout des bouts du monde, une question de... détail est évoquée. Démunis de tout, que deviendront les Noirs ci-devant esclaves et soudain libres ? On s'en inquiète, on argumente, on discute. Mollement. La justice qui leur ôte les fers et leur octroie citoyenneté ne leur doit-elle pas réparation ? Ne doit-elle pas leur distribuer en tout ou en partie les terres qu'ils ont labourées, ensemencées, valorisées avec leurs bras, arrosées de leurs larmes, fertilisées de leur sang ? Le grand Tocqueville, alors conscience de la nation, depuis lors et aujourd'hui référence incontournable de sa morale toute en sagesse, clôt le débat : « *Si les nègres ont droit à devenir libres, il est incontestable que les colons ont droit à n'être pas ruinés par la liberté des nègres.* » Les békés dormiront tranquilles, ils ne perdront pas une acre de leurs plantations. Mieux que ça : ils seront dédommagés de la perte de leurs Nègres. Vertueuse IIe République...

Ve République, 2001 : Loi Taubira qualifiant traite et esclavage de « *crimes contre l'Humanité* ». Imprescriptibles donc. La rédaction du texte de la loi voulue par la députée de La Guyane contenait un « *article 4* » ainsi rédigé :

« *Il est instauré un comité de personnalités qualifiées chargées de déterminer le préjudice subi et d'examiner les conditions de réparation due au titre de ce crime. Les compétences et les missions de ce comité seront fixées par décret du Conseil d'État* ».

Les représentants du peuple comprenant que cet article n'était pas une simple enjolivure, il fut rejeté par la commission des Lois et finit aussi sec dans la poubelle.

Après l'éclat tocquevillien du génie français anéantissant avec panache la question des réparations, le geste muet du législateur à l'antichambre de l'Assemblée dissocie « *imprescriptibilité* » et « *crime contre l'Humanité* » que le langage des lois annonçait jusque-là d'un seul souffle. L'omission ayant été évoquée et regrettée par deux-trois élus à l'Assemblée, le génie français tonna dans la voix de la garde des Sceaux et ministre de la Justice du gouvernement socialiste d'alors la réplique adéquate : « *Le gouvernement ne peut se situer dans une perspective d'indemnisation qui, en pratique, serait impossible à organiser.* » Deux-trois voix ayant insisté au Sénat sur la nécessité juridique de « réparer », le secrétaire d'État à l'Outre-mer faisait écho aux fortes paroles de sa collègue la garde des Sceaux et souhaitait qu'on ne parlât plus de réparations parce que « *l'indemnisation et la réparation posent des problèmes très complexes* ».

Indemnisation ? Réparation ? *Absurde* pour Tocqueville. *Hors sujet* pour la commission des Lois. *Très complexe* ou *pratiquement impossible* pour deux ministres d'un gouvernement socialiste. Chacun avec des mots – ou d'un geste – définitifs, Tocqueville il y a plus d'un siècle et demi, puis une commission des lois, une garde des Sceaux et un ministre de l'Outre-mer il y a moins de quinze ans : c'est plus qu'il n'en faut pour fonder et établir une « *tradition historique* ».

Et puisque désormais vérité et tradition historique il y a, à quoi bon perdre son temps à réviser l'amont d'histoire et tradition si bien fondées ?

L'esclavage des Noirs instauré par la monarchie ? Le commémorant, la Ve République le condamne et renvoie à la IIe, qui l'abolit. Point final.

« Point final » d'une lecture à contresens ? Non. Point à la ligne. Car cette question des réparations, saugrenue pour la plupart, essentielle si la justice n'est pas un vain mot, a été traitée maintes et maintes fois depuis que des bateaux négriers faisaient la traversée triangulaire amenant de la pacotille des terres de chrétienté vers l'Afrique païenne, déportant des Noirs de l'Afrique aux Amériques, ramenant des Amériques à l'Europe les produits du travail des Noirs déportés et réduits à l'esclavage.

Traitée. Et résolue par son évacuation hors débat tantôt en deux phrases péremptoires, tantôt au terme d'interminables kyrielles de ratiocinations et d'alambiqués syllogismes. Négriers et planteurs, évêques et gouverneurs, politiciens et ministres, théologiens et philosophes, traditionalistes et réformistes, révolutionnaires et royalistes discorderont sur la façon dont il convient de *tenir* – le mot est de Montesquieu – jour après jour les esclaves noirs, d'*en finir avec l'esclavage au bout de tel ou tel moratoire sans mettre en danger la paix sociale* – c'est l'approche et le souci de Condorcet – ou, au contraire, d'en renforcer et de mieux en réglementer la pratique pour le maintien et le développement de la production et du commerce. Mais ils s'accordent tous pour considérer, quand ils l'évoquent, saugrenue, loufoque, insensée au sens le plus fort du terme la question d'un salaire dû à l'affranchi pour son travail d'esclave. Affranchi, le voilà libre dit-on ; on ne va tout de même pas pousser le zèle jusqu'à lui remplir les poches en vidant celles des maîtres... Le mot sonore du grand Tocqueville, aussitôt érigé en dogme de foi irréfutable ou en principe politique fondateur, question de goûts, n'était que l'affirmation hautaine d'un consensus tacite reconduit des siècles durant. En harmonieux et immémorial accord avec le droit. Naturellement.

La cause est donc entendue : ni indemnisation ni réparation, telle est la norme imposée en toute véracité par la tradition. Est-ce bien vrai ?

Il ne manque pourtant pas des écervelés qui, bien longtemps après l'abolition de l'esclavage des Noirs, cherchent querelle aux successeurs des esclavagistes de jadis – États, nations, entreprises, lignages – et prétendent contraindre tribunaux et puissants d'aujourd'hui à rouvrir le chapitre clos des réparations. Ils se firent entendre en 2001 à la conférence internationale de Durban. Ils mènent des actions juridiques remarquables, et victorieuses parfois, aux États-Unis. Associés dans le MIR (Mouvement international pour les réparations) ou sous d'autres sigles, ils entendent interpeller judiciairement l'État français, et pas exclusivement. Folie, dit-on, tradition et vérité étant celles que nous avons vues. Folie, martèlent des historiens et des essayistes de haut rang.

Lesquels, par une vaillante série de syllogismes, adorent dénoncer chez les écervelés dont je parle un manque de probité intellectuelle qui s'acoquine bien avec leur ignorance. Vous brocardez, disent les sages aux fous, les faiblesses des grands de la pensée d'antan à l'heure de rendre justice aux Noirs exploités à mort dans l'esclavage ; vous leur cherchez querelle à cause soit de leurs silences, soit de quelque sourdine dans leurs critiques, soit du retors de quelques accommodements passagers des pratiques marchandes aux acquis de la raison ; et les interpellant par-dessus les siècles, vous argumentez contre eux en vous servant des principes, des mots, des valeurs d'aujourd'hui ; mots, valeurs et principes qui, notez-le bien, ne seraient pas aujourd'hui ce qu'ils sont s'ils n'en avaient pas, eux les premiers, posé les prémisses et cueilli les prémices en leur temps, le temps glorieux des Lumières. Pourquoi voulez-vous, insistent les sages, que les penseurs auxquels vous songez aient pu imaginer un seul instant qu'il leur fallait évoquer des réparations dues aux esclaves, cette question, impensable alors, ayant été inventée de toutes pièces en notre saison et ne relevant aucunement des préoccupations morales ou juridiques de leur temps ? À ce compte, pauvres fous que vous êtes, brocardez-les pour n'avoir pas exigé qu'ils bénéficiassent de la Sécurité sociale, des congés payés et du mariage pour tous, PMA et GPA comprises. Assagissez-vous, pauvres drôles, et allez jouer ailleurs : l'anachronisme en histoire est un bien vilain défaut, sermonnent-ils.

Ce qu'ayant péroré, les sages concluent en priant les fous de cesser dare-dare leur tapage indécent.

Ils ont raison, les grondeurs : en histoire, pire qu'un péché mortel, l'anachronisme est un sacrilège. À éviter donc comme la peste. Or, il y a de l'anachronisme à brocarder une pensée communément admise et temporellement datée d'avant-hier en se réclamant, pour ce faire, des critères d'après demain.

Deux exemples des effets pernicieux produits par ce sacrilège dans le monde, serein ou agité, des historiens.

Le premier. S'étonner aujourd'hui qu'Aristote ait parlé aussi posément que l'on sait de l'existence d'un « *esclavage par nature* » est d'un ridicule achevé. Chacun sait depuis le berceau que l'esclavage sous toutes les formes étant aussi naturel dans le monde de Platon et d'Aristote que la course quotidienne du soleil dans le ciel grec, nul n'y trouvait à redire. Pourtant, Aristote précise, en parlant de *l'esclavage naturel*, si naturel que l'affaire est réglée en un demi-paragraphe du « *Politique* », que « *certains prétendent que l'esclavage naturel n'existe pas* » et que, par conséquent, seul le hasard des guerres et brigandages en est la source. Qui sont-ils, ces « *certains* », dont la postérité doit saluer bien bas la clairvoyance ? Le grand philosophe ne le dit pas : sans craindre l'anachronisme, il dit pourtant qu'ils existent... en contradiction avec une opinion générale incontestée et une pensée communément admise, l'une et l'autre temporellement datées.

Le second. Bartolomé de Las Casas. Les Indiens. Controverse de Valladolid. Ordre du roi : on débat sur une question aussi fondamentale, pour la légitimité de l'aventure américaine de la Castille, que celle de l'Humanité et la liberté naturelle des Indiens. Le temps est à la dogmatique aristotélicienne et on s'en réclame pour trancher : ni humanité pleine et entière ni liberté naturelle chez les Indiens, plaide l'aristotélicien Sepúlveda. Contre lui, Las Casas a d'autres références et l'emporte : l'Indien est un homme libre. Et le Noir ? Une phrase pour lui, d'un… anachronisme criant, dans le corpus impressionnant des bagarres de l'évêque andalou pour les Indiens : « *Les Noirs ? Il en est d'eux comme des Indiens.* » Aussi court et définitif que cela : tout comme l'Indien asservi chez lui, le Noir déporté d'ailleurs est un homme libre. A-t-on idée d'avancer pareille bêtise en un temps où elle était tout bonnement impensable ?

Rendons-nous à l'évidence. Quelles que soient les clameurs générales en chaque période, il s'y trouve toujours des grands, ou des petits, des éminents ou des sans-grade qui s'égosillent à s'en faire éclater les poumons en criant à tue-tête leur vérité contre l'opinion régnante. Parcimonieuse, l'Histoire des historiens les entend quand bon lui semble. Elle a le temps…

Le temps est venu d'entendre deux pouilleux de rien du tout. Deux capucins qui, au XVIIe siècle finissant, s'échinent à démontrer fondé en droit ce que des sages du XXIe siècle débutant tiennent pour une lubie de quatre benêts.

Mais avant, puisque l'affaire est en cours, qu'en disent-ils les procureurs aux tribunaux de chez nous ? C'est court, simple et sans appel : traite et esclavage ayant été conformes à la légalité du temps et ces pratiques n'ayant pas contrevenu aux valeurs morales d'alors, il n'y a pas lieu de poursuivre en projetant à distance plus que séculaire des scrupules d'aujourd'hui, qui transforment en délit le vieil et innocent train-train de la navigation, du commerce et du travail d'avant-hier. Des voix s'élevèrent jadis, assurément, contre les excès de l'esclavage, voire contre le système esclavagiste ? Soit. Mais on n'en entend aucune qui ait ajouté à l'exigence de l'« abolition » une demande de « réparation », totalement inimaginable. Pas d'anachronisme au tribunal. À chaque période sa vérité. Non-lieu donc.

On condamne les plaignants aux frais. Par pure bonté d'âme, on leur épargne une amende pour « injure à magistrats », on raccroche la robe au vestiaire et on rentre à la maison.

Extrait du chapitre : Le mot de la fin...

Un document singulier, daté à Rome le 20 mars 1686, contient l'aboutissement officiel de la longue lutte menée par deux capucins aux Amériques, à la Cour espagnole et, enfin, à la Cour pontificale pour faire reconnaître :

- la liberté naturelle des Noirs réduits à l'esclavage ;
- L'illégalité absolue de la traite et du marché dont ils sont la marchandise ;

- L'obligation de l'affranchissement immédiat et universel de tous les esclaves noirs sans aucune exception ;
- l'obligation de leur payer intégralement, à eux ou à leurs descendants et ayants droit sans limitation de temps ni de nombre de générations, les salaires dus pour leur travail ;
- l'obligation de les dédommager, eux ou leurs ayants droit, des souffrances endurées et des risques mortels encourus du jour de leur déportation d'Afrique ou de leur naissance en esclavage aux Indes occidentales à celui de leur affranchissement.

*****

DU MÊME AUTEUR sur la traite et l'esclavage des Noirs

- *Le Code Noir ou le calvaire de Canaan,* Paris, PUF. 1ère éd. : 1987 ; 12e éd. : 2012
- *Les Misères des Lumières. Sous la raison l'outrage*, Paris, Robert Laffont, 1992, épuisé. Réédition corrigée et augmentée, Paris, Homnisphères, 2008
- *L'Afrique aux Amériques. Le Code Noir espagnol*, Paris, PUF, 1992
- *1492. Le choc de deux mondes* (en collaboration), Genève, La différence, 1993
- *La chaîne et le lien. Une vision de la traite négrière* (en collaboration), Paris, Unesco, 1998

- *Déraison, esclavage et droit* (en collaboration), Paris, Unesco, 2002

Les réparations, l'Afrique et le panafricanisme

Par Mame Hulo (Guillabert)

Ecrivain, Directrice de Diasporas Noires Editions
Membre du Mouvement Fédéraliste Pan Africain
Ambassadrice Afrique du MIR

Présentation

J'ai entendu parler pour la première fois du MIR en 2017, lorsque le président du MIR Martinique Garcin Malsa, fondateur du mouvement, ayant remarqué mon fort engagement panafricain, mes livres et conférences, ainsi que la création de la maison d'édition Diasporas Noires, a souhaité que je sois l'invitée d'honneur du 17e Konvwa Pou Réparasyon en Martinique.

J'ai été très honorée par cette invitation, et très touchée par l'engagement farouche et constant pour cette cause du Président patriarche Malsa, et j'avoue avoir pris une grosse claque durant ce voyage en découvrant une oppression terrible et sournoise sur le peuple Martiniquais, et qui n'était en fait qu'une continuité sous diverses formes plus softs de l'esclavage et du Code Noir, après la « soi-disant » abolition de l'esclavage[11]. C'est d'ailleurs, le même colonialisme et la

[11] Lire le livre « **Zaïre & Théophile - Pas de pitié pour les nègres** » de Imaniyé Dalila Daniel, qui raconte comment ce simulacre d'abolition a abouti à la mise

même oppression qui perdurent sous d'autres formes après les « soi-disant » indépendances dans quasiment tous les pays Africains dits « francophones ».

Depuis cette rencontre marquante, malgré mes nombreuses activités militantes sur divers sujets liés au Panafricanisme et au social en Afrique, j'essaie d'apporter mon énergie et ma force de conviction à l'édifice du MIR. J'ai organisé le premier Konvwa Pou Reparasyon en Terre d'Afrique avec le MIR ; aidée de ma petite sœur de Martinique Myriam Malsa, une centaine de personnes ont fait le déplacement au Sénégal à Gorée pendant une dizaine de jours. Le MIR Sénégal a vu le jour en Mai 2019, créé par de jeunes panafricanistes engagés, puis le 2e Konvwa en Terre d'Afrique a eu lieu en aout 2019 au Benin avec son lot de très fortes émotions…

Grâce à ces actions du MIR, de plus en plus de Panafricanistes du Continent découvrent, soutiennent et adhérent à ces revendications de réparations portées par nos frères et sœurs Africains descendants des AFRĒS (Africains Réduits en Esclavage, car la première des réparations prônées par le CIPN Comité International des Peuples Noirs, consiste à ne plus appeler nos Ancêtres des « esclaves »).

---

en place d'un travail forcé et la séquestration des nègres libres dans les plantations sous peine d'emprisonnement pour vagabondage s'ils en sortaient.

En tant qu'éditrice, j'ai eu l'idée de coordonner et d'éditer ce livre collectif sur les réparations afin de marquer la date anniversaire du 20e Konvwa Pou Réparasyon en mai 2020, saluant 20 ans de combat du MIR et de son infatigable président !

Je remercie infiniment tous les contributeurs qui ont accepté généreusement de participer à cette aventure militante, ainsi que Myriam Malsa membre du MIR Martinique qui m'a grandement aidé pour la coordination de cet ouvrage.

Les crimes à réparer

Guerres de domination, razzias, massacres, déportation, mise en esclavage, tortures et atrocités en tout genre, colonialisme, néocolonialisme, pillage économique, racisme épistémique, discrimination, apartheid, empoisonnement de masses, génocide par substitution, épistémicide, négationnisme, révisionnisme, etc., avec des conséquences psychiques irréparables sur plusieurs siècles et souvent irréversibles…

Une de ces conséquences est l'aliénation terrible de la plupart des Africains conditionnés depuis l'enfance par les mensonges et le complexe de supériorité de leurs oppresseurs, éduqués par leur école de l'aliénation, leur « école des otages » (nom donné à l'école coloniale à ses débuts en Afrique, car destinée aux fils de chefs et de rois qui y étaient pris de force en otages par les colons, et aujourd'hui les otages étant les élites africaines).

« *Le colonisé réussit également, par l'intermédiaire de la religion, à ne pas tenir compte du colon. Par le fatalisme, toute initiative est enlevée à l'oppresseur, la cause des maux, de la misère, du destin revenant à Dieu. L'individu accepte ainsi la dissolution décidée par Dieu, s'aplatit devant le colon et devant le sort et, par une sorte de rééquilibration intérieure, accède à une sérénité de pierre.* » Frantz Fanon dans « Les damnés de la terre ».

Aujourd'hui, le Peuple Noir, partout dans le monde, malgré une indéniable résistance, est dans une situation de vulnérabilité excessive où TOUT EST À RÉPARER, À RESTAURER : son esprit, son âme, son ADN et son lien avec ses Ancêtres, sa spiritualité, sa culture, son Histoire, sa méthodologie de réflexion, son rapport à la science, son rapport à la Nature, sa philosophie, son estime de soi, etc.

Tout ce qu'il avait acquis depuis des centaines de milliers d'années, en fait depuis l'apparition de l'homme moderne (*Homo sapiens sapiens*) en Afrique et qui faisait de lui le plus ancien guide de l'Humanité sur le chemin de l'Évolution humaine a été volé, caché, saccagé, falsifié, effacé SCIEMMENT de sa mémoire, mais plus grave encore de la mémoire de l'Humanité tout entière.

« *Le Nègre ignore que ses Ancêtres, qui se sont adaptés aux conditions matérielles de la vallée du Nil, sont les plus anciens guides de l'Humanité dans la voie de la civilisation ; que ce sont eux qui ont créé les Arts, la religion (en particulier le monothéisme), la littérature, les premiers systèmes philosophiques, l'écriture, les sciences exactes (physique, mathématiques, mécanique, astronomie, calendrier...), la médecine, l'architecture, l'agriculture, etc. à une époque où le reste de la Terre (Asie, Europe : Grèce, Rome...) était plongé dans la barbarie. »* Cheikh Anta Diop Alerte sous les tropiques, Présence Africaine 2006

Les criminels contre l'Humanité ne se sont donc pas contentés de traquer le Peuple Noir, de l'asservir, de l'humilier, de le nier en tant qu'humain... Ils ont aussi commis le crime d'épistémicide.

« Ainsi l'impérialisme, tel le chasseur de la préhistoire, tue d'abord spirituellement et culturellement l'être, avant de chercher à l'éliminer physiquement. La négation de l'histoire et des réalisations intellectuelles des Peuples Africains Noirs est le meurtre culturel, mental, qui a déjà précédé et préparé le génocide ici et là dans le monde. »

« Je crois que, le mal, que l'occupant nous a fait, n'est pas encore guéri, voilà le fond du problème. L'aliénation culturelle finit par être partie intégrante de notre substance, de notre âme, et quand on croit s'en être débarrassée, on ne l'a pas encore fait complètement.

Le combat qu'on nous livre est un des combats les plus violents. (…) On vous nie en tant qu'être moral on vous nie en tant qu'être culturel on ne voit pas l'évidence, on ferme les yeux, on compte sur votre aliénation, sur votre complexe, sur le conditionnement et les réflexes de subordination et sur tant de facteurs de ce genre. Et si nous ne savons pas nous émanciper d'une telle situation par nos propres moyens mais il n'y a pas de salut. »

Cheikh Anta Diop, Civilisation ou Barbarie, Présence Africaine, Paris, 1981.

Le sociologue portugais Boaventura de Sousa Santos utilise très souvent le terme EPISTEMICIDE dans son œuvre dès 1994 dans plusieurs de ses articles ou ouvrages : *« Le nouveau paradigme constitue une alternative à chacun de ces traits. En premier lieu, il n'y a pas une forme unique de connaissance valide. Il y a beaucoup de formes de connaissances, autant que les pratiques sociales qui les génèrent et les soutiennent. La science moderne s'appuie sur une pratique de division technique professionnelle et sociale du travail et sur le développement technologique infini des forces productives dont le capitalisme est aujourd'hui l'unique exemple. (...) Le génocide qui caractérise tant de fois l'expansion européenne fut également un épistémicide : on a éliminé des peuples étranges parce qu'ils avaient également des formes de connaissances étranges et l'on a éliminé ces formes de connaissances étranges parce qu'elles se fondaient sur des pratiques sociales et des peuples étranges. Mais l'épistémicide a été beaucoup plus étendu que le génocide parce qu'il a toujours prétendu subalterniser, subordonner, marginaliser ou illégaliser des pratiques et des groupes sociaux qui pourraient constituer une menace pour l'expansion capitaliste, ou durant une bonne partie de notre siècle pour l'expansion communiste (sur ce point aussi moderne que le capitalisme), et aussi parce que cela est arrivé aussi bien dans l'espace périphérique et extra-nord-américain du système monde que dans l'espace central européen et nord-américain, contre les travailleurs, les indigènes, les Noirs, les femmes et les minorités en général (ethniques, religieuses, sexuelles).*

Le nouveau paradigme considère l'épistémicide comme un des grands crimes contre l'Humanité. »

Leur but était d'effacer leurs motivations, les preuves, de minimiser le plus possible leurs responsabilités, de falsifier les mémoires, en niant l'Humanité du Peuple Noir, le déclarant maudit par Dieu, le désignant comme actif et co-responsable de son propre malheur.

Ils ont donc falsifié l'Histoire avant, pendant et après leurs crimes, cela afin d'anéantir et de compliquer toute possibilité d'identification de ces crimes, de leurs motivations, de leurs responsabilités, des préjudices et des réparations appropriées, leur but était de créer une SITUATION A JAMAIS IRRÉPARABLE, DES CRIMES PARFAITS À JAMAIS IMPUNIS !

Ils étaient sur le point d'atteindre ces objectifs, mais c'était sans compter sur l'extraordinaire combativité du peuple Noir sur la durée, qui malgré son état général de vulnérabilité de peuple opprimé et dominé depuis des siècles, est aujourd'hui en voie de recouvrer son patrimoine historique et spirituel grâce principalement au grand et courageux savant Cheikh Anta Diop et à ses disciples historiens Africains de plus en plus nombreux, ce peuple est en voie de renaissance malgré ces longs siècles d'asservissement, d'atrocités, de falsifications et de mensonges dans tous les domaines.

Ce miracle de résilience est, indéniablement dû, en grande partie, au mouvement du Panafricanisme, à ses nombreux leaders sur tous les continents, et à tous nos Ancêtres résistants connus ou anonymes, à travers le monde et à travers le temps…

Je note que selon le Sesh Coovi Rekhmiré, un des plus grands savants Kemitologues, disciple de Cheikh Anta Diop, initiateur de l'Université Panafricaine des Savoirs, le concept de panafricanisme date de l'Égypte Antique et du Pharaon Naré Mari (Narmer) et s'appelait « Sematawy », processus de réunification de Kemet.

« *Je ne vois guère d'autres exemples dans l'histoire d'une telle force de caractère, d'un tel courage, d'une telle foi chez un peuple qui, victime d'une telle oppression si totalement inhumaine, a non seulement sauvé, mais épanoui sa culture en terre étrangère.* » Jean Ziegler (1980 : 79) dans la Revue Ethiopiques http://ethiopiques.refer.sn/spip.php?article1789

Faut-il réparer ?

Beaucoup d'Africains du Continent et de la Diaspora pensent que les réparations exigées envers les Criminels contre l'Humanité, de quelques natures qu'elles puissent être, ne peuvent réparer l'immensité et l'énormité des préjudices subis durant des siècles. Ou encore, que nous ne pouvons pas nous rabaisser à leur demander, quémander, une reconnaissance ou des réparations de leurs crimes. Ou encore, que c'est une traitrise que de monnayer les souffrances incommensurables de nos Ancêtres... Etc...

Au-delà des arguments compréhensibles des uns et des autres, au-delà de l'impuissance d'un peuple dominé face à celui qui le domine toujours, encore et encore depuis des siècles, cette impuissance face à leur mépris ne doit en aucun cas empêcher cette exigence forte et courageuse de justice et de réparation pour la dignité humaine, quitte à crier dans le désert, le but étant de ne pas les laisser dormir tranquilles dans leurs tribunaux autistes, car ce cri trouvera tôt ou tard un écho dans leur conscience barricadée. D'ailleurs, leur reconnaissance de leurs crimes comme crimes contre l'Humanité est venue tardivement, sous les coups de boutoir de l'exigence de militants Noirs, les réparations suivront ce même chemin inexorablement, tôt ou tard, surtout lorsque les criminels contre l'Humanité ont été eux « réparés » au lendemain de la « soi-disant » abolition de l'esclavage

Même si le Peuple Noir est toujours dominé, cette exigence de justice doit faire son chemin et revenir au fil du temps comme un leitmotiv, tant qu'elle ne sera pas honorée ! Si cette exigence continue d'être méprisée par les occidentaux, il viendra bien un moment où le Peuple Africain redevenu souverain, créera ses propres tribunaux pour juger les criminels contre l'Humanité, pour ENFIN solder ces crimes odieux et rétablir l'Harmonie pour toute l'Humanité…

Cela est une exigence urgente qui dépasse le devenir du seul Peuple Noir !

Comme le dit Frantz Fanon dans « Les damnés de la terre » : *« la grande confrontation ne pourra être indéfiniment reportée ».*

La réparation, une sagesse ancestrale africaine pour rétablir l'Harmonie

Depuis la nuit des temps, le concept de justice en Afrique Noire, est invariablement accompagné par le concept de réparation. Ces réparations doivent être arbitrées, prononcées, proposées aux victimes, acceptées par les criminels, afin de pouvoir atteindre un retour à la paix, à l'harmonie et pourquoi pas la réconciliation.

Dans la présentation du livre **« Pouvoir et justice dans la tradition des Peuples Noirs - Philosophie et pratique » éd. Harmattan, de Fatou Kiné Camara**, Docteur en Droit, enseignante-chercheuse à la Faculté de droit de l'université de Dakar, disciple du professeur Cheikh Anta Diop, on peut lire ceci :

« Peut-on se contenter de ne voir en la justice qu'une machine à distribuer des peines et des châtiments ? Dans la conception négro-africaine de la justice, juger n'est pas condamner, c'est faire en sorte de rétablir une harmonie rompue. »

Puis à la page 48 de l'ouvrage dans le chapitre « la justice fille du Bien » :

« Qui peut encore nier la remarquable avance du droit pénal négro-africain en matière d'humanisme et de rationalité ? La loi du Talion si chère à certaines civilisations ne vaut en Afrique Noire que tant qu'elle permet au responsable de savoir à quoi il s'expose s'il ne verse pas des dommages et intérêts à sa victime. De fait, nous avons cité des exemples, la plupart de ces peines se ramenaient à une seule, la réparation pécuniaire ou en nature. Quant aux châtiments corporels qui sont prévus dans le Droit pénal

Noir, ils ne sont énoncés qu'à titre comminatoire. Ils ne servent qu'à évaluer le montant de l'indemnisation due.

La réparation, peine de substitution à toutes les autres

Mise en demeure de choisir entre une compensation financière ou en nature (têtes de bétail par exemple) et que l'on crève un œil à celui qui a crevé le sien, la victime n'hésite pas longtemps. Elle hésite d'autant moins qu'elle a été imprégnée depuis l'enfance par une morale omniprésente dans les contes, proverbes, chants, art pictural, etc. qui condamne en le tournant en ridicule ce type de comportement. Stigmatisée comme étant le fait d'un être bête et méchant, la vengeance est simplement tolérée et fermement découragée. L'enseignement du sage Africain est que la vengeance est stérile. »

Toujours dans ce livre **« Pouvoir et justice dans la tradition des Peuples Noirs »** (page 53, chapitre « la Justice fille du Bien ») le concept de réparation peut être résumé par cette phrase de Olawale Elias, Nigérian, agrégé en Droit et docteur de Philosophie :

« Le droit africain est un droit visant à préserver un équilibre social et l'harmonie de la communauté, alors que le droit européen en général, est de façon très marquée, un Droit de sanctions. (...) L'idée qui est au centre du Droit africain est une idée de compensation et non de châtiment ».

Un autre juriste africain, l'ivoirien T. Ehui enfonce le clou en notant cette différence de taille entre les fondements des juridictions occidentale et africaine (page 54, chapitre « la Justice fille du Bien ») :

« Le procès, dans les sociétés traditionnelles africaines, avait pour objectif majeur, la conciliation entre le coupable et la victime. Dans ce sens on recherchait avant tout à indemniser la victime et à faire prendre conscience au délinquant de la gravité de son acte. La conciliation s'opérait donc à un triple point de vue, la réconciliation du délinquant avec lui-même, du délinquant avec la victime, du délinquant avec la société… »

Pour finir, notons cette remarquable conclusion

« La finalité des jugements : la restauration de l'harmonie ; s'il est une valeur au cœur des civilisations noires, c'est l'Harmonie, tous les moyens sont bons pour l'instaurer, la préserver et la rétablir à chaque fois qu'elle est ébranlée… Les juges ne sont pas là pour punir, mais pour aider à l'établissement de la vérité, préalable à la réconciliation des adversaires et à la réparation des désordres sociaux que le conflit a dévoilés. »

Je remercie **Fatou Kiné Camara,** ma sœur et amie, l'Auteure de ce livre **« Pouvoir et justice dans la tradition des Peuples Noirs - Philosophie et pratique » éd. Harmattan,** que je remercie d'avoir accepté d'être largement citée dans ce texte et de m'avoir fourni des extraits de son ouvrage.

Le Panafricanisme, l'outil d'autoréparation ultime du Peuple Noir !

« Toutes les personnes d'ascendance africaine, qu'elles vivent en Amérique du Nord ou du Sud, dans la Caraïbe et dans n'importe quelle autre partie du monde sont des Africains et appartiennent à la Nation africaine. » disait Kwame Nkrumah ancien président du Ghana et un des pères du panafricanisme.

« Le destin de toutes les personnes noires où qu'elles se trouvent dans le Monde est lié à l'Afrique. Tant que l'Afrique ne sera pas respectée, les Noirs ne seront pas respectés » ajoute Nana Akufo Addo président actuel du Ghana.

« Il existe une personnalité africaine qui est commune à tous les hommes, toutes les femmes de race noire ; cette personnalité recèle des valeurs spécifiques de sagesse, d'intelligence, de sensibilité. Les Peuples Noirs sont les peuples les plus anciens de la terre. Ils sont voués à l'unité et à un avenir commun de puissance et de gloire.

Cette idéologie panafricaine refuse par conséquent toute idée d'assimilation, d'intégration à l'univers du dominateur. Cette idéologie du refus de toute assimilation est une force motivationnelle d'une extraordinaire puissance. L'histoire retient que le mouvement nationaliste africain a pris une ampleur extraordinaire à la suite du panafricanisme ». (Jean Ziegler, 1980 : 78).

La réparation ultime portée par le Panafricanisme est l'UNITÉ des Peuples Noirs, leur solidarité fraternelle, culturelle et politique, et si nécessaire et souhaité, le retour légitime sur leur continent d'origine, leur Terre Mère.

Pour cela, il faut que les Africains de tous pays s'attellent à la Réunification, à la création de l'État Fédéral des États Africains Unis (États se trouvant dans et hors du Continent africain).

D'autre part, dès à présent, les pays Africains du Continent ont le devoir impératif de mettre en place le plus rapidement possible, un dispositif d'accueil des descendants des déportés Africains du monde entier, à l'instar du Ghana, de leur donner la nationalité sans aucune condition, et de leur octroyer gratuitement des terres, des moyens logistiques et une assistance fraternelle pour s'installer à leur demande, et là où ils le désirent.

Ce poème que j'avais écrit fin 2014 est devenu le poème officiel du Mouvement Fédéraliste Pan Africain dont je suis un membre actif depuis 2015 et qui compte des comités partout dans le monde http://etatsafricainsunis.org/

L'APPEL DE L'AFRIQUE À SES ENFANTS

Cet appel vient du fond des entrailles

Du fond des âges, de l'éternité

Du fond des temps tourmentés

Du fond de siècles meurtris, ensanglantés

Et de toutes ces années de souveraineté violée…

L'Afrique VOUS appelle, oui VOUS, VOUS et VOUS encore…

NOUS TOUS

Venez dit-elle

VOUS mes enfants, venez me délivrer

Ne me laissez plus maltraiter, piller, plier

Ne me laissez plus violer, violenter

Ne me laissez plus broyer, soudoyer

À moi, à moi mes enfants chéris

Ceux qui sont tout près de moi

Ceux qui sont loin, mais près de mon âme

Ceux qui sont perdus dans les froids méandres ennemis

Ceux qui sont justes, ceux qui sont traitres, ceux qui sont vils

Ceux qui sont fatigués, hagards, exsangues et ne veulent que dormir…

Réveillez-vous, réveillez-vous

Reprenez-vous

DEBOUT mes enfants DEBOUT !

Venez à la source de mon Humanité

Venez vous ressourcer dans mes racines profondes

Venez vous régénérer dans ma spiritualité ancestrale

Venez vous asseoir au coin de mon feu sacré

Venez à l'ombre de ma généreuse nature

Je suis la Terre nourricière et je suis l'abondance

Mes seins sont toujours jeunes et mon lait succulent

Mes cascades jaillissent rafraîchissantes et enivrantes

Mes pierres précieuses brillent au fond de toutes mes cavités

Tout cela sera enfin à vous, car j'en ai gardé pour vous

Ma richesse est sans limites malgré tous les pillages

Ma richesse est votre grande force malgré les esclavages

Ma richesse est votre sourire malgré toutes les épreuves

Ma richesse est votre belle âme malgré les perditions

Vous êtes des ÊTRES IMMENSES

Revêtez enfin votre magnificence

Reprenez votre puissance

Je VOUS attends, je NOUS espère…

DEBOUT mes enfants DEBOUT libres de toutes chaines

AMORCEZ LA RENAISSANCE AFRICAINE, CHACUN, TOUS, ENSEMBLE, UBUNTU, UNIS, ENFIN !!!

Mame Hulo

L'Humanisme africain, le concept d'UBUNTU : « Je suis parce que nous sommes »

Pour réaliser ce rêve d'unité, nous avons à notre disposition un concept exceptionnel, issu de notre sagesse ancestrale, qui est le concept d'UBUNTU qui trouve son origine dans les langues bantu.

Ubuntu veut dire « Je suis parce que nous sommes » ou « je suis ce que je suis, grâce à ce que nous sommes tous ». Quelqu'un d'Ubuntu est ouvert et disponible pour les autres, car il a conscience d'appartenir à quelque chose de plus grand.

Disons que c'est une responsabilité sociale et humaine à l'Africaine et qui englobe tous les êtres humains, y compris les criminels contre l'Humanité !

D'où cette exigence de rétablissement de l'Harmonie au sein de l'Humanité avec un concept de réparations et non de sanctions et de punitions des criminels.

Voici l'humanisme européen d'après Frantz Fanon, dans Les Damnés de la terre (1961) *: « Cette Europe qui jamais ne cessa de parler de l'homme, jamais de proclamer qu'elle n'était inquiète que de l'homme, nous savons aujourd'hui de quelles souffrances l'Humanité a payé chacune des victoires de son esprit. »*

Quelques articles extraits de LA CHARTE DU MANDEN ou Charte de Kouroukan Fouga de 1222 dans l'Empire du Mali :

En matière d'humanisme universel, l'Afrique est la première dès 1222, à avoir proclamé une Déclaration Universelle des

Droits Humains à travers **La Charte du Manden ou Charte de Kouroukan Fouga** dans l'empire du Mali.

Article 1 : *« Toute vie [humaine] est une vie. Il est vrai qu'une vie apparaît à l'existence avant une autre vie. Mais une vie n'est pas plus « ancienne », plus respectable qu'une autre vie. De même qu'une vie n'est pas supérieure à une autre vie. »*

Articles 2 : *« Toute vie étant une vie, tout tort causé à une vie exige réparation. Par conséquent, que nul ne s'en prenne gratuitement à son voisin, que nul ne cause du tort à son prochain, que nul ne martyrise son semblable. »*

Articles 5 : *« La faim n'est pas une bonne chose ; l'esclavage n'est pas une bonne chose ; Il n'y a pas pire calamité que ces choses-là. Dans ce bas monde, tant que nous détiendrons le carquois et l'arc, la faim ne tuera plus personne au Manden, si d'aventure la famine venait à sévir. La guerre ne détruira plus jamais de village au Manden pour y prélever des esclaves. C'est dire que nul ne placera désormais le mors dans la bouche de son semblable pour aller le vendre. Personne ne sera non plus battu, à fortiori mis à mort parce qu'il est fils d'esclave. »*

Articles 6 : *« L'essence de l'esclavage est éteinte ce jour « d'un mur à l'autre » du Manden. La razzia est bannie à compter de ce jour au Manden. Les tourments nés de ces horreurs sont finis à partir de ce jour au Manden. Quelle épreuve que le tourment, surtout lorsque l'opprimé ne dispose d'aucun recours. Quelle déchéance que l'esclavage ! L'esclave ne jouit d'aucune considération, nulle part dans le monde. »*

Revenons à notre sagesse africaine ancestrale !

EXIGEONS RÉPARATION !

Lanzistisman pour une réparation globale à La Réunion

Par Philippe Bessière

Pour le Komité Rényoné Panafrikin & MIR Réunion

Franswa Sintomèr nous a quitté bien trop tôt.[12] Il était connu, parmi d'autres de ses talents, comme un créateur de mots. Il forgea ainsi le concept de *lanzistisman*, difficilement traduisible, mais que l'on peut comprendre par la périphrase d'une refondation sur la base de la justice. C'est le lent, mais profond cheminement de cette exigence que nous allons tenter de retracer. L'idée de réparations des crimes du passé s'imposa d'abord dans la sphère privée, impliquant les séquelles psychologiques, les traumatismes transgénérationnels. Mais l'on sait que l'on ne peut pas se faire justice soi-même. Les voix individuelles se firent ensuite plus nombreuses, plus véhémentes, ce qui déboucha sur des revendications. La question devint dès lors sociale, impliquant les syndicalistes. Mais la complexité des problèmes posés, et leur non-prise en charge par les institutions universitaires et politiques, découragèrent

[12] Voir son portrait par Gilles GÉRARD, *Franswa Sintomer, lo maronèr. Les combats d'un militant culturel réunionnais,* préface de Mark, Nadia et Sharl Saint-Omer, Paris, L'Harmattan, 2017, 118 p.

l'action sociale collective. C'est effectivement le rôle du politique que de soigner la *polis* (la cité). La déclaration lyrique de Paul Vergès au Sénat resta sans suite.[13]

C'est en élaborant un projet ambitieux avec toutes les parties concernées que l'on peut espérer répondre à l'appel de Franswa. Cet article vise à présenter sans fioritures l'état de la question dite des « réparations des crimes de la traite négrière et de l'esclavage » à La Réunion, en suivant le plus fidèlement possible son itinéraire, sans omettre les freins et les écueils rencontrés en chemin.

La réparation par l'histoire ou la construction d'une conscience historique.

Peu après les manifestations qui ont accompagné le 150° anniversaire de l'abolition de l'esclavage dans les colonies françaises, il fut procédé à un aménagement des programmes d'histoire scolaire. Au congrès de la FSU (Fédération Syndicale Unitaire, majoritaire chez les enseignants du second degré), j'ai défendu une motion d'inspiration régionaliste :

---

13 La déclaration de Paul Vergès est bien connue : « Nous sommes un peuple issu d'un crime contre l'humanité ». Intervention au Sénat reproduite dans *Témoignages* des 25 et 26 mars 2000. Paul Vergès cumulait à cette date les fonctions de président du PCR (Parti Communiste Réunionnais), de l'Alliance (un cartel de partis politiques et de personnalités) et de la Région Réunion.

« Depuis la rentrée 2000 une adaptation a été faite pour permettre un apprentissage de "l'histoire locale". Si l'intention peut paraître louable, il s'avère que ce concept n'a aucune consistance, ce qui pose de nouveaux problèmes. Ainsi :

L'étude des civilisations mères continue de privilégier l'européocentrisme. Particulièrement, l'Afrique et Madagascar sont évacués ce qui ne permet pas de comprendre les processus de colonisation.

L'histoire de l'île ne sert encore que de prétexte, ce qui interdit toute cohérence.

L'étude de la Traite n'est que facultative alors qu'elle devrait être au centre des problématiques.

Les liens entre le régional et le national ne sont pas explicités, l'accent étant mis délibérément sur l'abolitionnisme.

Dans la pratique, peu de moyens ont été dégagés. On doit notamment déplorer l'absence de manuel. D'autre part, on voit mal la place réservée à "l'histoire locale" dans les examens.

Propositions.

L'histoire régionale doit être reconnue en tant que telle avec sa propre cohérence et un horaire qui lui soit imparti. Elle ne doit plus être considérée comme un handicap, mais comme une richesse pour permettre :

Le dialogue des cultures d'origine tel qu'il se pratique dans l'île. La connaissance des processus de créolisation culturelle.

L'affirmation d'une personnalité régionale comme réponse à la crise d'identité qui affecte la scolarité et le développement.

L'ouverture sur la région géographique comme prélude à une véritable coopération régionale.

Une relation nouvelle avec la Métropole dans laquelle la Région retrouverait son rôle d'acteur. L'histoire régionale doit être liée aux histoires nationale et internationale.

Une pédagogie de la réparation des graves préjudices causés par la Traite, l'esclavage servile et le racisme. »[14]

Vingt ans après l'échec de cette motion, rien n'a bougé dans l'Éducation Nationale. Chaque enseignant se débrouille comme il l'entend. Les règles de mutation n'ont pas changé. Une génération de Réunionnais a été « éduquée » dans l'ignorance et le mensonge. Ils nous demandent aujourd'hui : *Kisa nou lé ?*[15] *« Nous grandissons en apprenant de l'histoire de France, mais quasiment rien*

---

[14] Motion présentée au nom de la tendance Nouvelle Ecole Réunionnaise. Elle recueillit 19 pour, 25 contre, 10 abstentions et un refus de vote. Le dirigeant historique de la FSU, Raymond Mollard, tendance Unité et Action et par ailleurs conseiller régional de l'Alliance de Paul Vergès, ayant déclaré qu'ils n'avaient pas eu le temps de réfléchir à ça. Ce congrès s'est tenu à Sainte-Marie en décembre 2000.

[15] *Kisa nou lé - Réflexions sur l'identité réunionnaise*, film de Sébastien CLAIN, 2019, 123 mn, CNC, catalogue des vidéos à la demande.

de celle de notre île. Au-delà de la belle carte postale et des publicités touristiques que je voyais régulièrement dans les couloirs du métro parisien, j'ai découvert au fil de mes recherches que la Réunion cache un lourd passé, qui a laissé des traces encore aujourd'hui. »[16] Cette génération nourrit un sentiment de révolte pour avoir été enseignée dans la dissimulation et la duperie. M. Macron devrait s'inquiéter d'un « sentiment anti-français » chez un nombre grandissant de jeunes Réunionnais.

En septembre et octobre 2003, l'association Rasine Kaf a organisé un cycle de conférences-débats, aux quatre coins de l'île, sur le thème des réparations dues pour l'esclavage et la Traite. L'ouverture à Saint-Paul a été consacrée à l'histoire. En effet, sans cette connaissance, ces revendications, aussi légitimes soient-elles, ne peuvent pas être étayées. Mon intervention proposait un tour d'horizon dans plusieurs pays en pointe dans cette lutte. Puis je m'interrogeais sur l'armement idéologique capable de porter cette demande et de lui donner la force dont elle manque cruellement.

« *La seule voie qui ouvre des perspectives est celle d'un mouvement social, démocratique et moderne capable de s'investir aussi bien dans le domaine culturel que social ou politique, sans renoncer à son indépendance. Un mouvement capable de conjuguer la liberté personnelle et celle du groupe, capable de dialoguer avec d'autres composantes. Le nom qui semble s'imposer presque tout*

---

[16] www.film-documentaire.fr, consulté le 9/03/2020.

seul pour ce mouvement est celui de cafritude, considérant que la négritude a été une réponse à la traite négrière, mais qu'elle n'a pas répondu à la question cafre.[17]

La cafritude devra être stoïque pour affronter l'histoire. Elle ne devra ménager aucune religion ni aucun pouvoir. Elle devra être complètement désenchantée et pour cette raison (si l'on suit Max Weber) complètement moderne. Elle visera à réparer l'humanisme et pour cela elle s'attachera à faire valoir les droits historiques des Cafres.

D'un passé cassé, nous ne voulons pas faire un horizon brisé. La vraie réparation est celle qui vaut pour le futur. Les esclavisés qui se sont battus pour la liberté ne démentiraient pas cela. Ils nous lèguent cette devise : le devoir de liberté ! »[18]

Cependant, ce qui manquait à ma proposition c'était le moyen de constituer cette conscience historique. L'idéologie, la philosophie sur l'histoire, ne suffisent pas pour souder un collectif. Il est nécessaire de reconnecter le présent avec les origines, de comprendre les chaînes

---

[17] On ne parle pas de « nègre » dans l'océan Indien où la traite océanique remonte au VIIe siècle. Les « Cafres » sont les esclaves arrachés au continent africain, mais il y eut aussi des « Malbars » de l'Inde du Sud, des « Malgaches » et des « Malais » qui furent esclavisés. Enfin, il y eut un fort contingent d'engagés africains.

[18] Philippe BESSIERE, « La Réunion : quelle réparation ? », conférence à Saint-Paul le 20/09/2003 pour le cycle de conférences-débats « *Démounaz lesklavaz* : quelle réparation ? » organisé par l'association *Rasine Kaf*.

causales qui l'ont constitué. Ceci pour retrouver une continuité et pour pouvoir donner un sens. Et ce faisant, l'histoire coloniale est démasquée parce qu'elle pose comme principe que les colonisés n'ont pas d'histoire. Les certitudes et les valeurs issues de la domination (mentale en l'occurrence) sont remises en cause. D'où un sursaut, une nouvelle lecture, une réappropriation de l'histoire. « L'histoire régionale » n'est pas capable de faire cette rupture radicale. Seule l'histoire panafricaine est cohérente avec cette démarche. D'où l'importance de relire les thèses formulées depuis 50 ans par Cheik Anta Diop : *« Il ne s'agit pas de créer de toutes pièces une histoire plus belle que celle des autres, de manière à doper moralement le peuple pendant la période de lutte pour l'indépendance, mais de partir de cette idée évidente que chaque peuple a une histoire. Ce qui est indispensable à un peuple pour mieux orienter son évolution, c'est de connaître ses origines, quelles qu'elles soient. Si par hasard notre histoire est plus belle qu'on ne s'y attendait, ce n'est là qu'un détail heureux qui ne doit plus gêner dès qu'on aura apporté à l'appui assez de preuves objectives. » (...) « Le peuple s'aperçoit de ce qui est solide et valable dans ses propres structures culturelles et sociales, dans sa pensée en général ; il s'aperçoit aussi de ce qui par conséquent n'a pas résisté au temps. Il découvre l'ampleur réelle de ses emprunts, il peut maintenant se définir de façon positive à partir de critères indigènes non imaginés, mais réels. Il a une nouvelle conscience de ses valeurs et peut définir maintenant sa mission culturelle, non passionnément, mais d'une façon objective ; car il voit mieux les valeurs culturelles qu'il est le plus apte, compte tenu de son état d'évolution, à développer et à apporter aux autres peuples. »*[19]

Et après la relecture, il reste à adapter leur réemploi à une autre époque, et dans des échelles historiques et géographiques différentes. Et à partir sans doute de cette proposition simple, capable de remettre l'histoire à l'endroit : La Réunion ne fait pas partie de l'histoire de France, mais c'est la France qui est venue faire des histoires sur une île africaine.

La réparation religieuse.

La responsabilité de l'Église catholique a été clairement exposée par Reynolds Michel :

« Le devoir de réparation s'impose à l'Église en vertu de sa propre théologie morale une fois admise sa responsabilité. D'où l'engagement des Églises chrétiennes d'Afrique du Sud dans le combat de la réparation. Car, sans réparation et développement économique, il n'y a pas, disent-elles, de réconciliation.

Le fait que l'Église qui est à La Réunion a décidé d'apporter sa contribution pour demander que l'esclavage soit déclaré "crime contre l'humanité" (Mgr. Gilbert Aubry) implique, nous semble-t-il, qu'elle accepte d'apporter sa contribution à

---

[19] Cheik Anta DIOP, *Nations nègres et culture,* Paris, Présence africaine, 1954, pp 9-10 et p. 19.

la réparation de ce crime en assumant pleinement sa responsabilité morale. C'est en tout cas mon souhait.

À l'île Maurice, un groupe de prêtres a pris récemment l'initiative de lancer un Mouvement National Pour la Réparation (MNPR), s'inscrivant dans la campagne internationale des mouvements de réparation. La grande masse des créoles, descendants d'esclaves, porte les séquelles multiples de ce qui est en passe d'être qualifié de “crime contre l'humanité” par le Haut-Commissariat des Nations Unies aux droits de l'Homme. » D'où, disent-ils, ce mouvement « *visant à informer, sensibiliser, conscientiser, dynamiser… l'ensemble de la société mauricienne pour travailler à une œuvre de justice envers les descendants d'esclaves » (Déclaration du 8 août 2003).*

« La réparation peut prendre de multiples formes. Elle n'est pas qu'économique, comme on l'a dit ici et là. L'Église peut trouver sa place aux côtés des autres forces vives de ce pays pour apporter sa propre contribution à cette réparation en l'articulant sur un travail de mémoire et un travail de deuil. Elle peut commencer déjà à mettre en exergue les noms des esclaves qui ont œuvré à la construction de nos cathédrales et au côté de Monnet, Levavasseur, Joffard, Scubilion et autres et apporter sa contribution au financement de projets dans les quartiers où se trouvent majoritairement ceux et celles qui souffrent le plus des séquelles de l'esclavage en vue d'un meilleur vivre

ensemble de toutes les composantes de la société réunionnaise. »[20]

Force est de constater que le diocèse ne s'est pas engagé dans cette voie. Cette défection, après celle des partis politiques pèse lourdement sur le verrouillage dans l'espace public sur la question des réparations dues pour la traite et l'esclavage. De même que le Groupe Inter-religieux où se retrouvent hindous, juifs, catholiques et musulmans. Tout comme l'Église catholique, l'Islam a pourtant des responsabilités dans la traite dans l'océan Indien. Tous sont concernés par la diabolisation de l'animisme et du culte des ancêtres.

L'association MIARO[21] est la première à militer pour sortir le culte des ancêtres malgaches[22] de son confinement dans des cours privés pour pratiquer des cérémonies au grand jour et ouvertes à tous. Depuis 2004, sur le plateau du

---

[20] Reynolds Michel, « Église et esclavage : quelle réparation ? », communication à Sainte-Suzanne le 11 octobre *2003,* pour le cycle de conférences-débats « *Démounaz lesklavaz* : quelle réparation ? » organisé par l'association *Rasine Kaf.* Reynolds Michel est un prêtre catholique, dirigeant du CDPS puis à sa dissolution, fondateur d'EPI (Entente Pour l'Interculturel).

[21] Mot malgache polysémique qui signifie à la fois « défendre », « valoriser », « se mélanger avec ».

[22] *Le servis zansèt* à La Réunion associe le plus souvent le culte aux ancêtres malgaches et africains.

Dimitile[23], est célébré Atidamba, « *un rituel qui entend honorer la mémoire des ancêtres malgaches reposant en terre réunionnaise ainsi que celle de tous les marrons qui n'ont reçu ni honneurs funèbres ni sépulture, en revêtant d'un linceul blanc la stèle dédiée à la reine Sarlave, au roi Laverdure et au guetteur Dimitile, symboles de la résistance des marrons à la traite négrière et à l'esclavage.* »[24] MIARO revendique par ailleurs l'implantation d'un lieu de culte dans les Bas de l'île, dédié également à l'information sur les pratiques et à la diffusion de la culture malgache.

De façon générale, la spiritualité africaine devrait être enseignée, ce que propose de faire le Kolektif Vanina Galais-Férard[25] en organisant une école pour laquelle elle demande le soutien des élus. Le kolektif a entrepris un tour de l'île des mairies pour sensibiliser sur son projet.[26]

La résistance religieuse à l'esclavage a joué un rôle très important en restituant à la personne un espace sacralisé, en préservant des gestes rituels et des croyances qui se sont transmis jusqu'à nous. Le syncrétisme des pratiques a

---

[23] Dimitile signifie « guetteur » en malgache. C'était un chef marron qui était responsable de cette fonction.

[24] 7lameslamer.net, consulté le 9/03/2020.

[25] Du nom d'une jeune femme assassinée en mai 2018. C'est sa mère Noëline qui est à l'initiative du *Kolektif* qui ne lutte pas seulement contre les fémicides, mais contre toutes les violences provoquées par la déculturation et la déstructuration de la société réunionnaise.

[26] Interview de Noëline Férard dans *Témoignages* du 7 mars 2020.

produit une religion populaire [27] qui est une richesse patrimoniale et une ressource essentielle dans la reconquête identitaire.

La réparation psychologique.

La journaliste Estéfany rendait compte dans Témoignages du 1er juin 2004 d'un forum inter-associatif sur la victimologie qui s'était tenu à Saint-Denis les 21 et 22 mai précédent. Sur la réparation de l'esclavage, Jean-Loup Roche, psychologue et vice-président de l'ARIV (Antenne Réunionnaise de l'Institut de Victimologie) pose le problème des violences intra-familiales et de voisinage : « *J'ai vérifié par mon travail que, très souvent, les jeunes délinquants sont privés de leurs pères. Ils peuvent être physiquement présents, mais n'apporter aucun soutien à leurs enfants. Il y a donc une absence de repère stable masculin et l'affirmation passe alors par le mode transgressif.* » Et Estéfany de poursuivre : « *Lorsqu'une victime n'a pas de repère de résilience, une aide pour l'aider à dépasser sa souffrance, il peut rentrer dans un processus de "survictimation", en lien avec une histoire collective douloureuse, celle de l'esclavage (et les témoignages lors du forum l'ont confirmé).* »

---

[27] Prosper ÈVE, *La religion populaire à La Réunion,* Institut de linguistique et d'anthropologie de l'Université de La Réunion, 1985, 167 p.

Ce constat rejoint celui, beaucoup plus explicite que dressait Jean-Pierre Cambefort, fort de dix-huit ans de pratique dans l'éducation spécialisée à La Réunion, comme psychologue de l'éducation, à l'occasion d'une conférence-débat organisée par *Rasine Kaf* : « *L'esclave, comme il n'est pas une personne, qu'il a changé de nom, (…) et il n'a plus de liens de lignage avec sa descendance. Ça, c'est un point qui me paraît extrêmement important pour les conséquences que ça a sur l'organisation psychologique de la famille. Le père n'a plus le droit de transmettre son nom. Comme le Code Noir le spécifie, le père n'a plus le droit de reconnaître ses enfants. Ceci pour moi a des conséquences énormes. Ça veut dire que dans l'organisation familiale, les images parentales, le père et la mère ne sont plus complémentaires. L'homme ne transmet plus ce qu'on appelle le capital symbolique, c'est-à-dire les racines symboliques, sa langue, la mémoire des ancêtres à ses enfants. Il ne représente plus vis-à-vis des enfants le parent qui fait tiers dans la relation de l'enfant à la mère. Et il est (alors ça, c'est extrêmement important) évincé aussi de sa capacité à reproduire [par la violence des commandeurs, des maîtres ou des Blancs de passage]*[28]. *Tous ces*

---

[28] Je prends la liberté de modifier le propos oral de Jean-Pierre Cambefort que j'ai moi-même retranscrit par écrit. En effet, il parle de « bâtardisation de la race rendue possible par les commandeurs qui écartaient les pères ». D'une part, on ne comprend plus de quels pères il parle. Et d'autre part, il semble qu'il ne prend pas en compte que les commandeurs étaient également des esclaves noirs. Ceci précisé, une parole de maloya vient confirmer ce que Jean-Pierre Cambefort dénonce : « *Marizane lété mon fanm / Komanèr la fini ralé / Na lé rodé,*

enfants-là ont été effectivement le résultat d'une violence qu'on appelle "l'attaque de filiation". La paternité a été empêchée, l'image du père et de l'homme n'a pas été transmise. » [29] Et de conclure que « *la réparation passe aussi par la restauration de la famille. »*[30]

On comprend que les psychologues ne sauraient suffire à une tâche d'une telle ampleur. Pour résoudre un problème sociétal, c'est l'ensemble des institutions qui doit être mobilisé. Et pour cela, il conviendrait qu'après avoir été victimes de l'histoire, les Réunionnais issus de l'esclavagisme ne soient pas victimes du déni de l'histoire, ce que pointait Estéfany dans l'article cité plus haut : « *Ne pas s'enfermer dans une vision fataliste, sous-tendue par le déni de l'histoire. (...) Il faut cesser, lorsque le problème de la reconnaissance de l'histoire esclavagiste réunionnaise est montré du doigt, de regarder le doigt au détriment du problème. »*[31]

Le problème des dysfonctionnements fonctionnels des familles et des transmissions intergénérationnelles qu'ils provoquent a bien été analysé par Ghislaine Bessière : « *La*

---

na lé rodé / Na lé rodé in fanm pou twé ! » Ma traduction : « Ma femme c'était Marie-Jeanne / Mais le commandeur l'a prise pour lui / On va te chercher, on va te chercher / On va te chercher une autre compagne ! »

[29] *Démounaz lesklavaz* : Quelles réparations ? Cycle de quatre conférences-débats organisées par Rasine Kaf

[30] *Témoignages* du 29 septembre 2003.

[31] *Témoignages* du 1er juin 2004 : « Victime de l'histoire ou de son déni ? » Nous préférons dire « victime de l'histoire et de son déni ».

société réunionnaise fonctionne sur des codes : l'homme en âge de se marier se doit auparavant de chercher un abri pour fonder sa famille, de la même façon que le Comorien doit construire son banga pour vivre sa sexualité. C'est lui qui doit ramener l'argent à la maison et nourrir sa famille. Cette fonction dévolue à l'homme, la plupart des jeunes de la classe populaire ne peuvent plus l'assumer, tout simplement parce que les conditions ne sont plus réunies pour lui permettre d'être en adéquation avec sa culture profonde et son devoir moral.

Et les conditions nécessaires pour vivre en couple et s'épanouir ne sont pas réunies lorsque la cohabitation entre les générations devient une obligation en non pas un choix. L'accès à la construction d'une famille est barré, et les rôles souvent inversés entre la mère et la fille en ce qui concerne l'éducation de l'enfant ; le père, souvent contraint à déléguer son rôle aux plus anciens, se soustrayant ainsi à sa propre responsabilité.

Cette cohabitation forcée est une des conséquences des maternités isolées, les femmes étant contraintes de rester dans leurs familles d'origine pour pouvoir élever leurs enfants, surtout lorsqu'il s'agit de grossesses précoces qui restent encore nombreuses à La Réunion. La dévalorisation de l'image parentale provoquée par cette situation, où le père passe pour le fils et le grand-père pour le père, conduit nécessairement à une confusion des rôles préjudiciable à l'enfant. Le père présent est perçu comme absent, absent de sa fonction paternelle plus précisément, la mère tantôt mère et tantôt fille, provoque la même ambiguïté chez l'enfant, qui va tester en permanence la légitimité de ses parents.

Nous sommes, là, placés face à une séquelle permanente de l'esclavage, et notamment du Code Noir qui institue une paternité au maître, puisque lui, et lui seul, a le pouvoir sur les enfants de la femme : si elle est libre, ses enfants seront libres ; si elle est esclave, ses enfants seront esclaves. Or le statut de libre est octroyé par le maître qui décide qui il peut affranchir, et en fonction de quels services rendus.[32]

Cette question de savoir qui est le maître de la maison se pose encore régulièrement dans les foyers, lorsque la violence prend la place et la fonction de l'autorité. Blesser, violenter, détruire, reste encore le lot d'un certain nombre d'hommes qui en perdant l'autorité sur leur famille ont perdu le sens de la conduite, du repère qu'ils représentent pour leurs enfants. Quand l'enfant doute de son père, il est conduit à se représenter comme étant un bâtard ; le bâtard étant celui qui a une mère, mais pas de père reconnu, de père présent. Le bâtard, ce n'est pas le métis, bien qu'il puisse être né d'une union entre deux nasyon, *le terme "nation" correspondant, à La Réunion, à une composante culturelle et biologique de la population réunionnaise.*

Être né sans père veut dire être sans défense, ou devoir reléguer sa protection à une autre figure masculine trouvée dans la famille de la mère. Cela peut être aussi le frère, le

[32] C'est le maître qui fait la demande d'affranchissement aux autorités coloniales, en fonction de son seul bon vouloir.

dada[33], *ou encore n'importe quelle figure masculine qui peut tenir ce rôle de guide. Le référent peut être aussi quelqu'un de la rue : on parle alors de grand frère, bien que cette notion de grand frère s'éclipse aujourd'hui. »*[34]

La réparation sociale.

Sur le plan syndical qui occupe le champ revendicatif, ce thème n'est pas porteur. Les secteurs de la société les plus concernés par les séquelles de l'esclavagisme ne sont pas syndiqués quand bien même ils auraient eu accès au salariat non précaire. Les centrales de travailleurs n'ont jamais réussi à organiser les chômeurs, si elles en ont eu vraiment la volonté. À La Réunion, la société civile pauvre n'est pas représentée. Elle est déclassée, reléguée et stigmatisée au point qu'elle ne exprime trop souvent que par des accès de violence urbaine.

À l'initiative de l'association *Rasine Kaf,* et sous le patronage de l'Association pour la Maison des Civilisations et de l'Unité Réunionnaise, s'est tenu dans la ville du Port un forum social et culturel les 13 et 14 décembre 2003.[35] Y sont intervenus notamment l'historien Prosper Ève

---

[33] Un remplaçant du père, en cas de besoin, pris dans la famille (au sens restreint ou élargi), mais qui n'est pas le parrain ni le prêtre.

[34] Ghislaine BESSIÈRE, « *Lanzistisman* pour un avenir réunionnais », article non publié de septembre 2019, 6 p.

[35] *Témoignages* du 11 décembre 2003.

(« Commémoration et devoir de mémoire ») et les secrétaires généraux de la CGTR, Georges-Marie Lépinay (« Les conditions de l'exercice de la démocratie à la Réunion ») et Ivan Hoarau (« Espace régional et enjeu du développement »). En l'absence de planteurs, la question agraire ne fut qu'évoquée. Le problème plus large, de l'accès au foncier pour les locataires sociaux, n'a pas pu non plus être traité.

Cependant la question de la réforme agraire a été relancée récemment par Christiane Taubira qui a réclamé une répartition des terres (appartenant à l'État) en faveur des descendants d'esclaves guyanais. Ghislaine Bessière propose de « *réfléchir à cette proposition et de l'élargir aux descendants d'engagés, à ceux qui ont eu un statut de colonage et qui ont travaillé la terre pendant cent ans, voire plus, sans bénéficier de la propriété de ces terres. Il faut partir du principe fondamental que la terre appartient à ceux qui la travaillent, et aujourd'hui on peut réclamer la terre pour les* ti plantèr, *c'est une revendication qui date des années 70 à La Réunion.*

La réforme foncière est de fait un indispensable sur lequel nous devons nous pencher. Pour cela, il faut faire le recensement de toutes les terres qui sont en friche, notamment celles qui appartiennent aux Sucreries de Bourbon héritées de la plantation coloniale et qu'une redistribution (par l'actionnariat éventuellement) soit envisagée. Mais il faut également mener une réflexion sur la monoculture de la canne à sucre, et passer de la plantation cannière à une agriculture diversifiée afin de nourrir le peuple réunionnais qui dépend encore beaucoup trop de l'importation.

Arriver à une autosuffisance alimentaire, tel est l'objectif à court et moyen terme afin de permettre à la population de sortir de la spirale de la dépendance, de promouvoir la pluri culture et les méthodes propices à la protection de la planète, notamment la permaculture, la plantation des arbres. L'arrêt du glyphosate, pour une agriculture raisonnée, permettrait de tourner définitivement la page de l'esclavage et de l'habitation[36] *pour passer à un système de production familiale ou de coopératives agricoles, en s'appuyant peut-être sur l'exemple de l'Afrique. Il faut redonner aux planteurs leur rôle nourricier et leur fierté. »*[37]

La réparation financière.

« À l'abolition de l'esclavage, les propriétaires se sont vu remettre par l'État ce qu'on a appelé une indemnité coloniale d'un montant de 711,59 F par esclave. Pour les gros propriétaires, cette somme leur a été remise en bons de la Banque de la Réunion, créée en 1851. L'histoire de la BR est directement liée à l'histoire de l'esclavage,

---

[36] Malcom FERDINAND, *Une écologie décolonisée. Penser l'écologie depuis le monde caribéen,* Paris, Seuil, 2019, 456 p.

[37] Ghislaine BESSIÈRE, article de septembre 2019 déjà cité.

puisqu'elle a été créée à partir de fonds attribués en compensation pour la perte des esclaves. »[38]

« *La question des réparations financières doit être abordée, bien qu'il me paraisse aujourd'hui difficile de déterminer avec exactitude qui est descendant d'esclave et qui ne l'est pas. Pour le faire, il faut procéder à la recherche de l'ADN pour savoir qui possède encore "du sang noir" dans ses veines. Le problème doit se poser plus efficacement en termes de gestion des parts que chaque Réunionnais possède en lui, et de l'équilibre, voire même pourquoi pas, de l'harmonie qu'il est capable d'établir entre toutes ces parts. Ce problème n'est pas seulement métaphysique puisqu'on sait les conséquences du déni en soi et de l'effacement de ses origines dans la construction et l'épanouissement de sa propre identité. Entreprendre des réparations financières individuelles semble de ce fait une entreprise risquée et ne pourrait que conforter la falsification historique des alliances et des généalogies familiales.* »[39]

Cependant, il peut y avoir d'autres solutions que les indemnisations individuelles : « *Nous savons tous que la Banque de la Réunion a été reprise aujourd'hui par la Caisse d'Épargne. Elle avait été créée par l'argent des indemnisations aux propriétaires. Le compte doit être fait aujourd'hui de cette manne financière, pour la réemployer*

---

38 Propos de Sudel Fuma rapportés par le *Journal de l'Ile de la Réunion* du 7 avril 2004.

39 Ghislaine BESSIERE, « Quel programme de réparations publiques ? », décembre 2003, article non publié.

dans la réparation en redistribuant les bénéfices de l'indemnisation aux descendants d'esclavisés. Nous réclamons que les descendants d'esclavisés puissent bénéficier de l'héritage du travail de leurs ancêtres. Le travail gratuit qu'ils ont effectué pendant 134 ans, de 1714[40] *à 1848, doit être évalué en tenant compte du prix du travail salarié de l'époque et selon le nombre d'heures. Cet argent sera mis dans un programme de réparations globales, géré par les pouvoirs publics et sous contrôle des citoyens. Ce qui évite une compensation financière individuelle, mais permet une redistribution contrôlée et gérée dans le cadre d'une politique publique de réparation. »*[41]

Réparations culturelles.

Alors que déferlait dans les DOM une vague revendicatrice centrée sur le pouvoir d'achat, les militants culturels réunionnais se sont regroupés dans le collectif *« Kiltir Partou »* pour porter leurs revendications. La commission « Histoire, Mémoire, Patrimoine et Toponymie » rendait compte de son travail le 23 mars 2009 au Port. Voici de larges extraits de ce rapport qui a été validé par applaudissements.

---

[40] Année de l'enregistrement du Code Noir pour les Isles de France et de Bourbon (Maurice et La Réunion).

[41] Ghislaine BESSIÈRE, article de 2019, déjà cité.

« L'idée centrale de la plateforme repose sur le principe de Réparation que nous déclinons sous forme de revendications concrètes qui touchent l'ensemble des sphères sociales, éducatives, culturelles et économiques.

L'histoire, un droit fondamental.

La première revendication concerne le Droit à l'Histoire qui nous paraît être un droit fondamental. À ce titre, nous avons mis en évidence la nécessité de développer les moyens pour que chaque Réunionnais, quels que soient son âge et sa condition sociale, puisse accéder à l'histoire de son pays.

L'enseignement de l'histoire. Cela passe par l'apprentissage de l'histoire dès la maternelle et jusqu'à l'université, mais également par le développement de programmes de recherches et d'actions menées aussi bien par l'Université que par les associations ou par l'individu lui-même.

L'appropriation de l'histoire passe par sa connaissance. Cette connaissance doit être facilitée par la mise à disposition du public de moyens de connaissances tels que livres, généalogiques, etc. Autant d'outils qui doivent être développés par les pouvoirs publics et les associations, et disponibles dans les bibliothèques scolaires et publiques, aux archives, au sein des associations qui développent ces ouvertures au savoir.

Le rapatriement de toutes les archives concernant La Réunion. Pour ce faire, les archives concernant l'esclavage, l'engagisme et la colonisation doivent être rapatriées à La Réunion et réunies aux Archives Départementales de la

Réunion, que ce soit sous forme de photocopies, de microfilms ou autres supports numériques.

La préemption des documents historiques originaux. Les documents relatifs au patrimoine réunionnais, faisant l'objet d'enchères, et particulièrement les livres anciens et les originaux, doivent être versés dans les fonds publics, notamment par le biais de préemptions.

Archéologie préventive et recherche archéologique.

Tous les sites historiques doivent être répertoriés et faire l'objet d'une recherche archéologique, afin que puisse être confirmé leur caractère historique : cimetières des esclaves, camps de marrons, lieux publics de cultes (sapèl malbar, temples catholiques, doany, etc.), camps des engagés, villages traditionnels.

Le classement de ces sites historiques est une des conditions fondamentales de leur préservation. Les projets d'aménagement routier ou urbain doivent respecter ces sites historiques et ces lieux de culte. La population doit être systématiquement consultée avant tout projet d'aménagement qui concerne son environnement immédiat et atteint son patrimoine foncier et culturel. (…)

Inventaire du patrimoine.

Tous les sites historiques doivent être répertoriés et classés. Ils doivent être sauvegardés et réhabilités. Les objets du patrimoine relatifs à l'esclavage, au marronnage, à l'engagisme et à la colonisation doivent être recensés et préservés. Une information publique sur les objets trouvés dans les différents sites de l'île par les associations, les individus ou encore les institutions chargées de la préservation du patrimoine comme la DRAC, la Région, le Département doit être diffusée dans les plus brefs délais.

Ces objets trouvés lors de la réalisation de chantiers d'aménagement, d'une recherche personnelle ou institutionnelle ou encore dans le cadre de projets mis en œuvre par des associations doivent être recensés, datés et versés au patrimoine commun. Il en est ainsi des ossements trouvés à la caverne Phaonce par l'ONF, à Dimitile par l'association capitaine Dimitile, à Saint-Paul lors du cyclone Firinga. Les objets trouvés à Tapcal par les explorateurs, les objets collectés par le GRAHTER[42] *à Salazie, les chaînes de la prison Desbassayns. Le musée de Villèle doit être complété par la partie esclave, leur recensement, mais également tous leurs outils de travail, ainsi que les objets de sévices et de contention.*

La toponymie.

Le Parc National des Hauts doit instruire le dossier du marronnage et de la liberté, et réhabiliter ainsi la mémoire des Hauts. Il est de son devoir de contribuer à la sauvegarde des modes de vie et du patrimoine culturel

---

[42] Groupement de Recherche Archéologique et Historique en Terre Réunionnaise, association longtemps animée par Marc Kichenapanaïdou et précurseure dans le domaine de l'archéologie à La Réunion.

encore en usage dans les cirques et dans les Hauts. D'autres autorités publiques ont le même devoir à l'égard de certains villages des Bas, telle la Grande-Chaloupe... S'intéresser uniquement à la faune et à la flore nous paraît être largement insuffisant au vu de l'histoire riche des Hauts de l'île, dont la fondation s'appuie sur l'épopée, du marronnage et de son pendant, la chasse aux marrons, ainsi que sur les nombreux échanges qui ont eu lieu entre les kivis (les petits blancs qui ont fui le système de l'esclavage en s'appropriant une terre dans les Hauts (Cilaos, Salazie, Mafate) et les marrons.

Pour un rééquilibrage immédiat des noms de rues et des places publiques. Trop de rues portent le nom d'anciens esclavagistes ou de personnes ayant fondé le système esclavagiste, tels Jacob de la Haye, Colbert (qui a conçu le code noir), le général Decaen (qui a établi le code Decaen), la compagnie des Indes, le nom de Desbassayns dans plusieurs villes de La Réunion, etc. Nous demandons un rééquilibrage immédiat et une renomination des rues afin d'introduire dans la cité le nom des esclaves, des marrons et des engagés qui ont contribué à la construction de La Réunion. De la même façon, les personnalités publiques : militants politiques, syndicalistes, les acteurs culturels qui se sont battus pour la démocratie doivent trouver leur place dans la cité. Nous devons nous référer à nos propres héros de l'histoire de La Réunion en leur attribuant la place qu'ils méritent. »

La réparation idéologique.

Les débats tenus dans *Kiltir Partou* révélèrent cependant une grande duplicité. Ainsi cette entrée en matière d'Axel Gauvin, écrivain et militant pour la langue créole, président de *Lofis la Lang : « Le mot réparation me gêne ! »*[43] Or cette position rejoint la pratique de toute une frange du mouvement culturel qui se refuse à tout travail de mémoire, qui dissocie leur revendication pour la langue de celle de l'histoire.[44] La suite de la discussion est instructive :

« À qui demande-t-on réparation du préjudice ? »

« C'est à l'État français de réparer ! » c'est évident. Mais les rapports sociaux, les régimes de propriété, les mentalités et les représentations : tout cela doit aussi être réparé !

Dans un autre débat, l'historien Laurent Hoarau eut l'occasion de fustiger l'hypocrisie des élus. « *La Charte de l'UNESCO a été signée par l'association des maires. Depuis on a rasé Grand-Bois et Dampierre. I ser pa ryin alé kri si governman fransé si nou isi nou fé ryin ! »*[45] Et la réalité se niche ici : dans le mépris des classes dites

---

[43] 19 avril 2009 au Port.

[44] J'ai développé cette question dans un article de décembre 2002, « Histoire et créolité », 6 p., qui a longtemps été en ligne sur le site <potomitan.info>.

[45] Propos tenus à Saint-Paul le 25 mai 2009. Grand-Bois est une ancienne usine sucrière. Dampierre est une chapelle *malbar.* « C'est inutile de revendiquer auprès du gouvernement français si les Réunionnais eux-mêmes méprisent leur patrimoine ! »

« instruites » pour la culture populaire, et dans la volonté de rendre invisibles les traces de ce qu'on dénomme par euphémisme « une histoire douloureuse ». Ce clivage entre le français et le Réunionnais se retrouve à l'intérieur du monde créole, entre les salons et le monde rural. Héritage de la cascade des mépris des temps du colonialisme le plus dur, l'habitus habite les corps[46], les manières, les niveaux de langage, les regards…

La demande de reconnaissance doit composer avec un paternalisme arrogant ou une superbe indifférence. Quand elle ne se heurte pas à des discriminations manifestes. Nous n'en donnerons que deux exemples. Le premier concerne les lazarets où ont été mis en quarantaine ceux qui arrivaient d'un bateau contaminé par une maladie contagieuse. Celui des engagés a été réhabilité et mis en valeur par le Département. Celui des esclaves est en ruine et interdit d'accès, aucune manifestation ne pouvant plus s'y tenir. Deuxième traitement méprisant : de grosses subventions sont octroyées pour les fêtes chinoise ou hindoue, mais rien pour la Journée de l'Afrique. On nous répond sèchement : « *Vous avez le 20 décembre !* » Voilà, pour eux, Afrique égale esclavage. 171 ans après, ils ne veulent pas en démordre…

Mais il n'y a pas que les institutions. Il y a ces élus qui se contentent de belles déclarations à Paris, mais ne font rien sur le terrain. Il y a ces syndicalistes qui admettent que les

---

[46] Prosper ÈVE, *Le corps des esclaves de l'île Bourbon. Histoire d'une reconquête, Paris-Sorbonne,* PUPS, 2013, 524 p.

Kaf ont été les plus exploités, mais qui ne proposent rien pour changer leur situation aujourd'hui. Et ces associations qui n'ont pas de scrupules à détourner les ressources destinées à l'afrodescendance pour les utiliser à d'autres fins. Et le pire dans ce jeu de dupes, c'est que, lorsque nous dénonçons ces abus manifestes, abus de positions dominantes, abus de faiblesse, alors c'est nous, associations *kaf* qui sommes accusés de racisme.

Comme pour tous les groupes dominés, la réparation pour les descendants des victimes de l'esclavage passe d'abord par la prise de parole, sans quoi le silence des uns continuera à servir le bruit des autres. Ces dominants qui n'ont aucun scrupule à parler à la place des subalternes. À juste titre, ils redoutent tout ce que les dominés ont à dire. La jeune génération peut être celle qui poussera enfin le grand cri *kaf* qui remettra les uns et les autres à leurs justes places. Elle a déjà ses représentants en la personne de Socko lo Kaf.[47]

[47] Lire son poème dans le livre de Marcel DORIGNY, *Arts et Lettres contre l'esclavage,* préface de Maryse CONDÉ, Paris, Cercle d'Art, 2018, 240 p.

Conclusion

De façon permanente, nous retrouvons le thème de l'errance [48] qui constitue le fil rouge d'une condition historique, et qui se répercute dans tous les domaines. « *Ce qu'Alain Lorraine nommait la cafritude [49] sociale, pour montrer que la cafritude s'était déplacée du biologique au social, mais qu'elle s'appuie sur le même processus de déclassement, le KAF étant toujours celui qui est exclu de la société.*

Faire l'analyse de cette permanence sociale de l'exclusion, c'est accepter de voir comment les stigmates de l'esclavage se sont incrustés dans les interstices de la société au point de freiner tout effort d'émancipation sociale. (...) Ce sont tous ces éléments qu'il faut prendre en compte aujourd'hui pour construire les bases d'une véritable justice sociale, d'un équilibre sociétal et d'un véritable développement. Ce que nous pouvons appeler ***lanzistisman****.*

Cette réparation qui traverse toutes les sphères de la société a une dimension mentale, psychologique,

---

[48] Pour ce qui concerne l'inclusion dans la ville, voir notre étude : RASINE KAF, *Itinérances,* rapport remis à la Région Réunion en septembre 2008, non publié, 2 vol., 133 p. et 77 p.

[49] Nous préférons dire « cafrité » pour désigner une condition héritée, un déjà-là, et réserver le mot « cafritude » pour la prise de parole et de conscience de cette condition. Pour reprendre une célèbre formule freudienne, nous ambitionnons que du « ça », le « je » advienne. Cette émergence n'est possible qu'à partir d'un lieu d'énonciation, qui ne peut être que le « Cafre » réellement existant et non pas un faux-self.

économique et financière. Elle est à la fois collective et individuelle. C'est pourquoi nous devons lancer un débat ouvert sur la réparation. Pourquoi ne pas mettre en place une Commission Vérité et Réconciliation comme cela a pu exister en République d'Afrique du Sud ?[50] *Ou Vérité et Justice comme à Maurice (un volumineux rapport a été remis, mais on attend encore les décisions concrètes) ? »*[51] Huit années s'écoulèrent sans qu'il ne se passe rien de notable. « *Certains, manifestement jugent épineux, pour ne pas dire embarrassant, ce volumineux rapport où apparaît très fortement la question de la propriété de terres, et la recension de cas de dépossessions jugées frauduleuses.* »[52] Jusqu'à la grève de la faim de Clency Harmon en avril 2019 qui arracha du gouvernement mauricien la promesse de la mise sur pied d'une Land Court (une juridiction compétente pour trancher les litiges fonciers).

Une certitude doit nous habiter : N'attendons pas un réparateur ! Exigeons ce qui nous est légitimement dû, pour que nous puissions enfin reprendre notre destin en main ! La Justice aussi est une lutte.

---

[50] Desmond TUTU, *Il n'y a pas d'avenir sans pardon, traduit de l'anglais (Afrique du Sud) par Josiane et Alain Deschamps, Paris, Albin Michel, 2000, 282 p.*

[51] La Truth and Justice Commission, créée en 2009 a rendu son rapport en novembre 2011. Il contient près de 300 recommandations.

[52] *Le Mauricien* du 15 avril 2019.

AFRÈS, notre identité et notre combat commun

Par Nita Brochant, Jaklin Jacqueray, Luc Reinette

Le Comité de rédaction du CIPN

Comité International des Peuples Noirs

NOS ANCÊTRES À NOUS CARIBÉENS ET AMÉRICAINS D'ORIGINE AFRICAINE, SONT DES AFRICAINS QUI ONT ÉTÉ RÉDUITS EN ESCLAVAGE, ET QUE NOUS AVONS DÉCIDÉ DE NOMMER AFRÈS...

Après des décennies de reniements dus à une aliénation savamment inculquée par les spécialistes occidentaux de l'oubli, nous avons accédé à l'indépendance de la pensée, à l'indépendance de l'esprit, qui nous a permis de cesser de penser comme l'autre souhaitait que nous pensions, de cesser de faire nôtres ses propres préjugés à notre encontre.

Nous sommes pour notre part, sortis de leur paradigme pour créer le nôtre, sortis de la sphère de pensée esclavagiste qui caractérise le monde occidental et aussi il faut le dire avec force, le monde arabo-musulman qui a pratiqué 13 siècles durant un esclavage d'une rare barbarie envers nos Ancêtres.

Maya ANGELOU, en affirmant que :***''je suis le rêve et l'espérance de l'Esclave''*** nous renvoie à la fois à notre identité et à notre mission, à la nôtre et à celle des générations qui vont nous succéder. Il nous faut alors nous arrêter un instant pour réfléchir à cette phrase forte qui interroge notre condition humaine d'hier et d'aujourd'hui.

Nous devons nous arrêter sur cet appel à agir de Maya ANGELOU à une époque où la réflexion n'avait pas commencé sur la portée du terme « esclave », mais nous devons lui reconnaître le mérite immense d'avoir établi la relation essentielle de parenté avec eux, notre filiation, et d'avoir énoncé que nous étions **leur rêve et leur espérance..** Pouvons-nous individuellement et collectivement faire le vide total en nous et nous transporter dans notre passé pour nous penser nous-mêmes Africains déportés et réduits en esclavage ? pouvons-nous alors, entravés et soumis aux pires sévices, dans un univers esclavagiste implacable et meurtrier penser à la postérité, penser à ceux qui allaient être nos descendants et qui un jour nous vengeraient de l'humiliation, et nous réhabiliteraient dans notre pleine humanité ?

Louis DELGRES, l'un des héros de la lutte anti-esclavagiste en Guadeloupe, avait déclaré en mai 1802, peu de temps avant de se faire exploser avec 350 de nos courageux grands-parents plutôt que de se rendre aux soldats français : ***''Nos noms survivront sur l'Océan des âges. Et d'autres que nous viendront après, qui plus heureux, conquerront eux cette liberté que nous n'avons fait qu'entrevoir..''***

Il existe à l'évidence un fil conducteur entre la pensée de Maya ANGELOU, celle de DELGRES et celle de Frantz FANON qui déclarera plus tard que :***"Chaque génération doit dans une relative opacité découvrir sa mission ou la trahir.."***

Certains penseurs ont par ailleurs déclaré avec raison que le ***mal triomphe souvent uniquement par l'inaction des gens de bien…*** Inaction physique ou inaction intellectuelle qui consistent à penser que les choses peuvent rester en l'état et qu'il n'est pas utile de remettre en cause ou en perspective un statuquo imposé.

Nous sommes-nous interrogés à savoir quel regard jetait sur nous le reste du monde, quel regard jetait le reste du monde sur notre monde, le **Monde Noir** ? Nul n'est autorisé à s'en déclarer indifférent, car nul ne peut vivre dignement sans un minimum de considération des autres et de soi-même.

Qu'ils aient ou non pratiqué l'esclavage, tous les autres peuples à de très rares exceptions, voient encore en l'Homme Noir, un descendant d'esclave (sic) et donc un quasi-esclave (sic), un être faisant partie d'une sous-humanité… et qui ne mérite que mépris ou indifférence…

C'est pour cela que nous jugeons essentiel de nous nommer et de déclarer à l'univers entier notre identité, notre force et notre fierté d'être Noirs, notre satisfaction d'être des Africains ou des Afrodescendants.

Oui, l'Afrique et les Africains sont à l'origine du monde. Il est désormais scientifiquement établi que l'Afrique est le berceau de l'Humanité, à l'origine de la littérature, des sciences, des mathématiques, des pyramides... **Mais l'Afrique ne peut et ne doit pas être considérée comme une matrice appelée disparaître après avoir donné vie à l'Humanité**. Nous voulons dire par là que les premiers hommes ayant peuplé la terre ne doivent pas être les sacrifiés, condamnés à disparaître par le manque de conscience et de considération qu'ils auraient pour eux-mêmes. Par le manque d'exigence qu'ils auraient vis-à-vis des autres, en particulier vis-à-vis de ceux qui auraient saccagé l'existence de leurs Ancêtres, de leurs parents et la leur, en pratiquant des siècles durant et sans excuse aucune, **l'esclavage qu'il fût transatlantique ou transsaharien**..

À ce stade se pose la question des réparations qui est indissociable de la notion même de dignité. Si nous considérons tous les hommes égaux, quelque soit leur ethnie, nous devons considérer que les crimes et outrages commis par certains d'entre eux contre d'autres, ***doivent être réparés*** sans que le bon vouloir des auteurs des crimes soit pris en compte.. Seules l'équité et la justice doivent entrer en ligne de compte. Il ne peut y avoir une justice pour les uns et une autre pour les autres, une justice pour les blancs, faite par les blancs et une justice pour les Noirs faite par les blancs. Ce principe vaut aussi pour les racistes arabo-musulmans et leur justice envers les Noirs Africains.

Nous l'avons déjà dit et le répétons, **Réparations et Décolonisation sont consubstantielles**, l'un ne saurait se réaliser sans qu'en même temps l'autre ne se réalise. L'état de la plupart des Nations africaines ou caribéennes qui sont devenues indépendantes sans Réparations est éloquent : **on ne peut sortir indemne de plusieurs siècles de spoliations et de domination,** ni se développer si les outils financiers et matériels fondamentaux ne sont pas disponibles. Autrement, on ouvre la voie au néocolonialisme, situation dans laquelle on **n'est maître de rien**. Ici, le synonyme de **Décolonisation** est **LIBERTÉ**, Liberté de penser, Liberté de se penser, et surtout liberté d'assumer son destin sans aucune tutelle, qu'elle soit politique ou spirituelle..

Il y a aussi la notion essentielle de Rspect qui ne peut se concrétiser qu'à travers une démarche et une exigence de Réhabilitation de nos Ancêtres : la démarche de réhabilitation, **il nous appartient à nous et à nous seuls** de la faire dans le cadre d'une autoréparation. Quant à l'exigence de réhabilitation, nous devons la formuler en direction de tous les autres peuples qui nous ***désignent à leur guise sans se soucier un instant de notre façon de ressentir les mots et expressions*** dont ils se servent pour nous désigner ou représenter.. Parfois, méconnaissant le poids des mots, certains écrivains, journalistes ou politiques occidentaux et même Africains ou Afrodescendants, pourtant déclarés anticolonialistes, se laissent aller à des écrits ou propos insupportables, en évoquant les *millions d'esclaves* Africains qui ont été déportés vers les Amériques..". Écrire, c'est méconnaitre ou nier le fait que ces millions d'êtres humains déportés dans des conditions inhumaines étaient des **Personnes,** des pères et des mères, ***nos Pères et nos Mères,*** qui étaient artisans, pêcheurs, chasseurs, sculpteurs, dignitaires, porteurs d'une civilisation pluri millénaire..

Vis-à-vis de ces personnes, qu'ils soient écrivains, journalistes ou politique, conscients ou inconscients des enjeux et du poids des mots, **nous devons exiger** qu'ils ne nomment plus nos Ancêtres sous le vocable" Esclaves", mais que désormais ils les respectent en les nommant AFRICAINS RÉDUITS EN ESCLAVAGE, ANCÊTRES AFRICAINS RÉDUITS EN ESCLAVAGE (pour l leurs descendants) ou AFRÈS… Non nous ne sommes pas des Descendants d'esclaves !

Chez nous des intellectuels renommés comme Hélène MIGEREL ou Gladys DEMOCRITE, des artistes comme Marie-Line DAHOMAY ou Luc-Hubert SEJOR font un travail remarquable pour donner ses lettres de noblesse au concept d'AFRÈS qui constitue comme l'a dit Hélène MIGEREL un acte d'indépendance de la pensée..

Partout où nous avons été transplantés à travers le Monde, nous Afrodescendants devrons ériger des stèles et des monuments en mémoire à ces Ancêtres dont nous ***étions le rêve et l'espérance***, et œuvrer au niveau des instances internationales pour que soit instaurée une **Journée Internationale de la Réhabilitation**, en corollaire des **Réparations, exigence non négociable**..

Ainsi progressivement débutera une nouvelle ère où l'image de nos Ancêtres et donc notre image et l'image des Noirs dans le Monde sera restaurée et respectée..

AFRÈS c'est la clameur de la Dignité retrouvée comme le dit si bien Mme MIGEREL.

Il y va de notre Honneur et du bonheur de nos enfants, des enfants du Monde Noir qui sont aujourd'hui si maltraités. Et pour lesquels nous devons nous battre afin que demain, à l'instar de tous les enfants du monde, ils puissent vivre dans **l'honneur, la dignité et la prospérité, afin qu'ils s'inscrivent avec Fierté dans la lignée de leurs Ancêtres.**

En cette Décennie des Personnes d'Ascendance africaine, osons accomplir notre Mission.

Notes :

le terme AFRÈS se décline dans la majorité des langues des pays ayant connu l'esclavage.

Hélène MIGEREL est docteur ès sciences de l'éducation et Psychanalyste

Gladis DÈMOCRITE est avocate

AFRÈS : Autoréparation par le pouvoir du verbe « réhabilitons nos Ancêtres Africains réduits en esclavage en arrêtant de les appeler esclaves ! »

Par Gladys Démocrite

Avocat - Membre du CIPN

Ils viennent de là-bas, de l'autre côté de l'Océan, de la lointaine Terre d'Afrique, là où reposent leurs propres Ancêtres... Eux-mêmes sont devenus, à leur tour, des Ancêtres, après avoir subi les horreurs de la traite négrière, de l'esclavage et de l'assimilation...

Aujourd'hui, peu de leurs descendants ont gardé un lien avec eux, car dans l'imaginaire collectif, ils appartiennent à cette masse abstraite et impersonnelle que qualifie le mot : « esclave ».

Même pour nous, leurs descendants, il nous est difficile d'avoir le sentiment de parler des membres de notre famille, de nos lointains aïeux, quand nous faisons référence aux « esclaves ». Le mot, en lui-même, charrie avec lui ses références induites, sa charge énergétique, son poids symbolique et son conditionnement culturel (voire identitaire).

Être esclave n'est pas une essence en soi. Personne ne nait esclave. C'est toujours un oppresseur qui impose de force ce statut à une catégorie d'hommes et de femmes. C'est d'ailleurs celui qui réduit en esclavage qui désigne ses victimes avec le mot « esclaves ». Par contre, celui qui est réduit en esclavage se voit toujours et avant tout comme un homme, non comme un esclave. Quand cet homme réduit en esclavage veut parler des membres de sa famille, de ses enfants, de ses parents, de ses Ancêtres, il ne les désigne pas comme étant des « esclaves », car il sait que ce mot n'est pas son identité, mais un statut imposé par le maître.

Aussi, questionner le terme même d'« esclave », avec toutes les représentations qui y sont associées, nous apparaît indispensable pour aborder le sujet des réparations des crimes contre l'Humanité que constituent la traite négrière transatlantique, l'esclavage, la colonisation et l'assimilation. En effet, l'un des premiers actes de réparation devrait, à notre sens, consister en un acte d'autoréparation qui questionnerait notre relation avec nos Ancêtres réduits en esclavage. Cela permettrait, par exemple, de savoir si, à travers l'emploi d'un mot aussi usuel que le mot « esclave », nous ne participons pas inconsciemment à nourrir un imaginaire collectif qui cultive le rejet de nos Ancêtres (et donc le rejet de nous-mêmes par voie de conséquence).

Certains se demanderont en quoi le mot « esclave » pose le problème, car c'est ainsi que la langue française désigne les victimes de la traite négrière et de l'esclavage.

Or, c'est précisément le problème, puisque les termes « esclave » et « esclavage » ont été choisis par ceux qui ont pensé, organisé, financé et réglementé ce crime odieux, par ceux qui ont fait capturer, razzier, déporter, « *esclavagiser* », violer, torturer, chosifier, assimiler et créoliser nos Ancêtres. « Esclavage » c'est le mot qu'ils ont choisi pour qualifier de manière édulcorée leur effroyable crime. De ce fait, quand ils nomment nos Ancêtres « esclaves », c'est aussi avec tout le poids de leurs valeurs et idéologies racistes qu'ils chargent ce mot.

Cependant, pour nous, dont les parents ont été les victimes directes de ces crimes, devons-nous appréhender nos Ancêtres avec les mêmes valeurs racistes que leurs bourreaux ? Nous sommes-nous déjà interrogés sur qui sont ces Ancêtres Africains et quelle est la véritable relation que nous entretenons avec ceux que tout le monde se plait à appeler « esclaves » ?

Avant tout, replaçons-nous dans le contexte, car la période esclavagiste en Guadeloupe (de 1635 à 1794 puis de 1802 à 1848) n'a jamais été paisible et pacifiée. De nombreuses révoltes et de violents assauts ont été très régulièrement menés par ces Ancêtres Africains contre les colons esclavagistes. Dès le début de la présence française en Guadeloupe (en 1635), la résistance s'était organisée au point que le premier camp de « nègres marrons » avait vu le jour en 1636 (c'est-à-dire dès la première année de présence sur le territoire).

Vingt ans plus tard, en 1656, la première révolte d'envergure éclatait et démontrait à quel point nos Ancêtres, même dispersés à travers dans toutes les habitations du pays, étaient en mesure de s'organiser, de communiquer entre eux et de mener une véritable lutte armée afin de se libérer du joug de l'esclavage et de prendre pleinement possession de la Guadeloupe.

Ainsi l'historien de l'époque, Jean-Baptiste DUTERTRE racontait au sujet de cette révolte du 1656 :

> « Deux méchants nègres, l'un appelé Pedre, et l'autre Jean Le Blanc, disposèrent (...) secrètement tous les nègres (...), à massacrer tous les maîtres de cases, à garder leurs femmes, et à créer deux Roys de leur nation dans l'isle, l'un à la Basse-Terre, et l'autre à la Capesterre »
>
> (*Jean-Baptiste DUTERTRE, « Histoire générale des Antilles habitées par les Français », tome I, p.500, 1667*)

On comprend bien la réalité et la violence des actes de résistance menés à cette époque-là. Il faut se figurer qu'il a bien fallu que les européens esclavagistes reconquièrent militairement l'île, avec tous les moyens coercitifs et répressifs que l'on peut imaginer afin de préserver des intérêts des colons et de l'État. Pourtant, malgré tout le sang versé, plusieurs décennies plus tard, la résistance des Africains réduits en esclavage ne faiblissait pas.

Ainsi en 1726, un lieutenant de la Marine rédigeait son rapport sur la situation en Guadeloupe, en ces termes :

> « [en Guadeloupe]plus de 600 nègres marrons qui sont attroupés en quatre bandes qui envoient journellement des détachements de 60 à 80 hommes pour piller les habitations et quoiqu'il y ait continuellement des détachements de milices après eux, on n'a pas pu éviter les vols et les enlèvements de négresses et de vivres qu'ils font sur les habitations »
>
> (*Lettre du Lieutenant DE CAPRADO du 10 janvier 1726, Archives Nationales, Col. C7A 10, p. 55, citée dans Jahlyssa SEKHMET, « L'histoire des Antilles françaises Guadeloupe Martinique – De la préhistoire à nos jours, éd. Conscious education, 2018*)

À vrai dire, les esclavagistes avaient beaucoup de mal à maintenir le calme sur place. En dépit des envois fréquents de soldats pour pacifier le territoire, la Guadeloupe vivait au rythme des multiples épisodes d'émeutes et de révoltes suivis inévitablement de leur sanglante répression (ce fut le cas en 1656, bien sûr, mais aussi en 1710, 1730, 1748, 1752, 1802, etc…).

Pourtant, bon nombre d'entre nous méconnaissent cette réalité historique de l'incessante résistance menée par nos

Ancêtres Africains réduits en esclavage. De ce fait, ils continuent à se les représenter comme des « esclaves », asservis et dociles, ayant perdu tout sens de la dignité, ayant adopté sans aucune contestation la religion chrétienne de leurs propres bourreaux et attendant avec espoir le jour où on les libérera. Ainsi, c'est en empruntant ces « prêts-à-penser » qui falsifient complètement la réalité de ce qu'ont été nos Ancêtres, que petit à petit, nous nous éloignons d'eux et de ce qu'ils ont à nous transmettre.

Nous perdons peu à peu la sensibilité pour sentir que le pays est imprégné de tout ce que les Ancêtres ont voulu nous léguer. Organisés en nations (dans les plantations) ou en confréries noires (dans les villes et bourgs), ils avaient su recréer en secret une organisation sociale qui leur était propre, basée sur les diverses formes de solidarités horizontales (entre les vivants) et verticales (entre les générations). Cette organisation permettait à la fois de partager les denrées, d'aider les plus fragilisés, d'épargner, de transmettre les savoirs ancestraux spirituels et culturels, de faire vivre la communauté, malgré l'adversité de leur condition et la férocité de la formidable entreprise de destruction massive de leur identité africaine qu'ils subissaient (à travers les processus d'assimilation et de créolisation).

(*Voir notamment : Luciani LANOIR-L'ÉTANG « Réseaux de solidarité : Dans la Guadeloupe d'hier et d'aujourd'hui », ed. L'Harmattan, 2005*)

Il est vrai qu'à bien y regarder, la définition même du mot « esclave » (personne non libre considérée comme un instrument économique pouvant être vendu ou acheté, et sous la dépendance d'un maître) ne correspond pas à l'ampleur du crime qui a été perpétré sur ces Ancêtres Africains. En effet, les esclavagistes ne se sont pas contentés de les priver de liberté : ils ont voulu les *démouné* (c'est à dire les déshumaniser, selon l'expression de Philippe VERDOL dans « *Déshumanisation et surexploitation néocoloniales* », *ed. L'Harmattan, 2012*).

Les esclavagistes ont théorisé..., pire, ils ont légiféré sur la déshumanisation de nos Ancêtres. Ils ont exigé d'eux l'oubli et le rejet absolu de leur identité africaine, de leur langue, de leur culture, de leur histoire, de leurs savoir-faire traditionnels, de leur organisation sociale, de leurs religions et spiritualités traditionnelles pour les forcer à s'assimiler et à devenir de bons chrétiens créoles. Ce qui signifie, très concrètement, que nos Ancêtres ont été forcés à pratiquer la religion qui autorisait, encourageait et justifiait la pratique le crime dont ils étaient chaque jour victimes. À cette époque, la religion était surtout utilisée, comme moyen de pacification de nos Ancêtres en leur insufflant l'acceptation de leur condition dans l'attente d'un au-delà meilleur, et en les imprégnant de valeurs telles que le pardon chrétien et la soumission aux autorités ecclésiastiques.

En réalité, employer le mot « esclave » pour nommer nos Ancêtres n'a rien de neutre. Ce terme permet de cacher l'ampleur et la gravité du crime commis, car on peut facilement assimiler « l'esclavage » lié à la traite transatlantique à toutes les formes d'esclavage, connues à travers les époques. Or, de tout temps l'esclavage se caractérisait principalement par une privation de liberté et de certains droits civiques (par ex. : sous la Rome antique). Le crime commis sur nos Ancêtres ne se limitait pas à la simple privation de liberté, et c'est en cela qu'il est singulier, car qu'il a été jusqu'à la négation systémique et institutionnalisée de la condition humaine d'autres êtres humains (en raison de la couleur de leur peau).

Par un processus de nominalisme, utiliser le mot « esclave » pour désigner nos Ancêtres Africains réduits en esclavage permet de minimiser le crime commis et d'occulter notamment toute la réalité historique du *démounaj* (déshumanisation) et de ses conséquences psychosociales subies depuis plusieurs générations.

Au passage, le choix du mot « esclave » permet aussi de fabriquer une représentation docile et servile de nos Ancêtres, en ce que l'esclave apparaît dans notre imaginaire comme un vaincu, soumis et faible.

Les institutions qui ont pensé et exécuté ce crime contre l'Humanité (telles que l'État français ou la communauté des familles de colons esclavagistes) ont tout à fait intérêt à en minorer la réalité de leur crime, car aujourd'hui, elles sont toujours là, encore aux manettes du pays, déterminées à en tirer toujours plus.

Oui, le projet politique mis en œuvre par ces institutions n'a jamais varié depuis leur arrivée en Guadeloupe en 1635. En effet, pour COLBERT, déjà au 17e siècle, les colonies avaient deux attributions : fournir la France en matières premières, en denrées rares et exotiques, mais aussi et surtout servir de débouchés pour les produits manufacturés en France (*Encyclopaedia universalis, Volume 6, p. 77, 1990*).

Plus tard, à l'issue de la deuxième abolition de l'esclavage de 1848, un ministre des colonies, Joseph ROMAIN-DESFOSSES, expliquera que les Africains devenus désormais des affranchis devaient quitter leurs mœurs de « sauvages » pour devenir de véritables consommateurs afin d'ouvrir encore plus les débouchés pour les productions françaises. (*Josette FALLOPE, « Esclaves et citoyens : les Noirs à la Guadeloupe au XIXe siècle dans les processus de résistance et d'intégration : 1802-1910 », Société d'histoire de la Guadeloupe, 1992, p.364*)

Aujourd'hui, même si la Guadeloupe ne joue plus le même rôle en termes d'approvisionnement en matière première, elle reste largement dans la ligne politique fixée depuis l'arrivée des Européens sur cette terre : exploitation à outrance des ressources et des hommes d'une part, instauration et préservation d'un marché structurellement captif afin d'écouler de manière extrêmement lucrative les fameux « produits manufacturés » d'autre part.

Ce sont tous ces enjeux politiques, stratégiques, symboliques qui se jouent derrière les mots et notamment le mot « esclave ». En effet, si les descendants d'Africains réduits en esclavage ne font plus le lien entre le projet politique de la France durant ce passé esclavagiste et ses politiques publiques actuelles, c'est que tout bonnement, dans l'imaginaire collectif, les choses ont fondamentalement changé depuis l'abolition de l'esclavage.

Or, l'esclavage, tout comme le salariat est pour les auteurs du crime, une simple modalité de gestion des ressources humaines. Le projet politique du départ n'est nullement remis en cause par l'abolition de l'esclavage. L'Amiral JAUREGUIBERRY, ministre des la marine et des colonies en 1880 nous le rappelle, non sans un certain cynisme, que :

> « (…)« L'esclavage est supprimé, nos lois en font foi. Officiellement, oui. En fait, non ! (…). Quand les nations d'Europe ont supprimé la traite (officiellement) ont-elles du même coup supprimé les esclaves ? Les esclaves sont restés où ils étaient, c'est-à-dire chez leurs acheteurs. Ils ont simplement changé de nom : de captifs de traite, ils sont devenus captifs de case (…) »
>
> (*Discours du ministre de la Marine et des Colonies, l'Amiral JAUREGUIBERRY, devant le Sénat 01/03/1880*)

Pour ce représentant de l'État français, en dépit de l'abolition de l'esclavage, les « esclaves » demeurent symboliquement des « esclaves ». Simplement, ce sont les modalités de leur statut qui changent. Aussi quand les descendants d'Africains réduits en esclavage reprennent ce mot « esclave » pour désigner leurs Ancêtres, c'est à cette grille de lecture qu'ils donnent de la force. Dans le même temps, ils s'éloignent inexorablement de l'héritage puissant laissé par les Ancêtres.

En effet, s'il y a bien une leçon à retenir de notre histoire, c'est que nous sommes des filles et des fils de survivants, de héros du quotidien, tous rescapés d'un crime abominable. Si aujourd'hui, nous sommes bien vivants, c'est que chacun de nos Ancêtres, à sa manière, a su résister en entretenant la vie, a su aimer et donner la vie, a su transmettre à ceux qui lui ont succédé l'amour et le respect de cette vie, pour que de génération en génération, cette vie soit parvenue jusqu'à nous. Peu importe, qu'ils aient été ouvertement des marrons ou qu'ils aient résisté dans le contexte mortifère des habitations : nos Ancêtres, tous autant qu'ils étaient, ont réussi à survivre à l'innommable, à donner vie, à aimer et à transmettre, pour que nous soyons aujourd'hui...

Nous, que faisons-nous de qu'ils nous ont légué ? Comment mobiliser l'incommensurable force que nos Ancêtres ont su générer pour survivre à tout cela, quand nous, nous les appréhendons avec les mots, et les valeurs de leurs bourreaux ?

C'est pour ces raisons que le CIPN (Comité International des Peuples Noirs) a lancé une grande campagne aux fins d'interpeller l'ensemble des descendants d'Africains réduits en esclavage (et plus largement tous ceux qui se sentent concernés), sur la nécessité de ne plus utiliser le mot « esclave » pour nommer nos Ancêtres.

Nous proposons de les nommer AFRÈS (Africain réduit en esclavage), mais cela n'est que notre proposition. Chacun doit retrouver avec ses mots le chemin qui mène aux Ancêtres. Le plus important, pour nous, demeure en ce que chacun s'approprie son lien avec ses Ancêtres et que naturellement il ne puisse plus être concevable de traiter nos Ancêtres avec les mêmes mots et donc les mêmes paradigmes que leurs bourreaux.

Renommer nos Ancêtres avec nos propres mots, conçus avec notre propre imaginaire dépollué de représentations empruntées et fallacieuses constitue un véritable acte fondateur d'autoréparation. En effet, un peuple se sent fort et confiant quand il est ancré dans ce qu'il est, quand il est conscient des réalisations et des exploits de ceux qui ont forgé son histoire, quand il peut mobiliser toute la puissance et la force de ses Ancêtres en puisant dans le patrimoine laissé et transmis par eux.

Or, en ce qui nous concerne, c'est le bourreau de nos Ancêtres qui nous a imposé sa culture, ses valeurs et son regard sur nous-mêmes, par l'assimilation et la créolisation. Par le biais de l'école, de la religion chrétienne (catholique et protestante), des médias de masse, des représentations diffusées par l'histoire officielle, de l'appréhension que nous avons du « sauvage » et du civilisé, etc., nous nous perdons à nous concevoir à travers les yeux du bourreau, en pensant que c'est notre propre regard, ou pire, en pensant que nous fusionnons avec lui, transcendés que nous sommes par une universalité à plusieurs vitesses. C'est ainsi que nous avons été amenés, sans nous en rendre compte, à traiter nos Ancêtres comme les racistes qui les ont torturés, en utilisant leur mot « esclave ». Tout cela ne fait que les renforcer et intensifier la négrophobie ambiante, et de fait, contribue à nous affaiblir.

Pour reconquérir nos forces et notre puissance, celle cultivée par nos Ancêtres (à travers notamment leur capacité à résister alors qu'aucune perspective de liberté ne semblait envisageable), nous n'avons d'autre choix que de renouer avec le patrimoine laissé par nos Ancêtres. Par le pouvoir créateur du verbe, en nommant justement nos Ancêtres (mais aussi les réalités politico-psycho-sociales qui nous imprègnent) nous pouvons retisser ce lien en lâchant la grille de lecture du bourreau pour explorer tout ce que nous sommes véritablement. De nouveaux horizons s'ouvrent à nous, car les champs d'exploration sont vastes tant sur le plan artistique, spirituel, scientifique (la connaissance des plantes par ex.), économique (systèmes d'épargne et d'investissement qui nous sont propres par ex.), politique (systèmes d'organisation des nations et des confréries noires par ex.)…

Cela nous pousse forcément à nous repositionner vis-à-vis de nos Ancêtres, mais aussi vis-à-vis de ceux qui ont perpétré le crime. Nous sentons-nous fils de sang de nos Ancêtres ou fils créolisés des auteurs du crime subi par nos Ancêtres ?

L'avenir dira si nous nous inscrirons dans la continuité des combats menés par nos Ancêtres. Eux, se sont battus pour notre liberté… Nous, que déciderons-nous ? Assurément, nous avons nos propres batailles à livrer pour assurer un meilleur lendemain à nos enfants. Le ferons-nous en suivant et en exécutant le projet de ceux qui nous dirigent depuis l'époque esclavagiste (malgré leurs crimes envers nos Ancêtres) ou le ferons-nous en trouvant notre propre voie collective dans le respect de la mémoire de nos Ancêtres ?

Guadeloupe, le 13/02/2020

Réparations, Reconnaissance, Justice

Par Sa Majesté la Reine Mère Dòwòti Désir Hounon Houna II Guely

The AfroAtlantic Theologies & Treaties Institute

...Y bien, ahoraos pregunto:

¿No tengo acaso... un abuelo nocturno

... un abuelo mandinga, conga, dahomeyano ?

¿Cómo se llama? ¡Oh, sí decídmelo !

¿ Andrés? ¿ Francisco ? ¿ Amable ?

¿ Cómo decís Andrés en congo?

¿Cómo habéis dicho...

¿ El apellido, entonces !

--Nicolás Guillén, El apellido... elégia familiar,1958 (extrait)

Un grand nombre de personnes pense qu'il vaut mieux oublier le passé malgré le fait que les politiques menées sur le plan légal et culturel, les repères commémoratifs tels que les monuments, génèrent beaucoup d'intérêt au sein de la diaspora concernée par l'histoire africaine. Bien que non exprimée, la notion de justice spatiale a un impact palpable sur les innombrables manifestations exigeant réparation autant sur le plan qualitatif que quantitatif. L'argument avancé par Theo Van Boven, membre de la Commission Internationale des Juristes, est que la seule réponse valable aux brutales violations des droits humains des victimes, sont les principes humanitaires. Il précise que l'accès à la justice, ainsi que les réparations apportées au mal commis, font partie des mesures correctrices que les sociétés doivent assumer. Van Boven est aussi de ceux qui sont d'accord sur le fait qu'il y a quatre (4) formes principales de réparations : la restitution, la compensation, la réhabilitation et la garantie que ces faits ne se reproduiront pas.

La capacité de l'État à trouver un moyen juste de réparer les torts commis et à remédier aux injustices commises, afin que les voix dominantes n'empêchent pas les voix des minorités d'être entendues, constitue le fondement d'une société égalitaire. Idéalement, les droits civiques de toute société permettent aux citoyens de se défendre en leur procurant des mécanismes pour assurer leur sécurité commune, leur développement individuel et le développement de leurs compétences. L'environnement politique et social dans lequel on évolue doit être doté d'une infrastructure juridique favorisant la construction et le maintien pérenne de ces libertés. Une vision commune sur les lois concernant les droits de l'Homme constituerait le tissu fondamental d'une bonne gouvernance et d'une démocratie digne de ce nom, car accessible à tous les membres de la société, surtout à ceux à qui elles ont fait le plus défaut au moment où ils avaient besoin qu'on veille au respect de leurs droits les plus inaliénables.

Le Pluralisme, le manque d'hégémonéité ou la diversité des populations, tout en étant un atout pour les sociétés, sont également des sources de conflits. L'une des vertus de la démocratie est d'assurer l'intégration de tous, en dépit des frictions qui surgissent entre les différentes cultures, ethnies ou sensibilités raciales. L'uniformisation des valeurs fondamentales est consolidée lors de la constitution d'un État, les processus électoraux, la séparation des pouvoirs et les mesures de protection contre les violations des droits de ses citoyens. Les politiques de ces sociétés doivent refléter ces idéaux si nous voulons vivre dans une société sans contradiction et inconsistante ; toutefois la dignité des individus doit être préservée et assurée par l'État. Les politiques et les pratiques culturelles de ces sociétés doivent être menées de pair et intégrées dans un vaste cadre opérationnel. Cependant nous constatons une dynamique de forte inertie qui met le voile sur les milieux culturels et les tentatives des sociétés pour préserver leur patrimoine, sociétés qui s'enorgueillissent pourtant de leurs instances démocratiques. Dans la manifestation de leurs pouvoirs publics, elles sont débordées par les missions de l'Etat ou les aspirations de la société civile (certains secteurs), par exemple, les groupes d'intérêt spécifiques. Les juristes tels que Van Hoven auront à considérer dans quelle mesure l'évolution de la réflexion - nommément la réflexion spatiale —, pourra impacter sur les valeurs sociétales, les dynamiques des pouvoirs publics et les mesures de réparation ou de restitution.

Tout citoyen est en droit de savoir quel a été le fonctionnement de l'État à travers les relations historiques de ses groupes ou des liens avec son gouvernement et autres acteurs au sein des frontières juridiques communes. Leur paysage asymétrique, qu'il soit politique, économique, judiciaire, spatial esthétique contribue à renforcer auprès des descendants africains le sentiment permanent, vu qu'il n'existe pas de reconnaissance formelle typiquement africaine, de la connaissance ou de l'acceptation des valeurs traditionnelles africaines. Cette question aborde le sujet de la reconnaissance aussi bien au plan de la phénoménologie qu'au plan juridique, ainsi que de l'éthique et autres, au vu de la dimension mondiale de l'« Afrophobie ».

« Je me sentirais beaucoup plus en sécurité si j'étais sûr d'avoir une ambassade dans laquelle je pourrais me réfugier comme un Coréen le fait quand les choses vont mal... Nous n'avons pas d'options, au contraire, nous sommes coincés dans un endroit qui ne reconnait pas notre histoire. J'ai entendu des prisonniers et de la famille s'inquiéter de disparitions de leurs proches durant une détention administrative. Les Noirs ne font pas confiance au gouvernement — jamais on n'a eu confiance ». Sydney K. officier de police à la retraite

La peur de disparaître entre les mains de l'État n'est pas une peur irrationnelle. Doudou Diène, en fonction aux Nations Unies en tant que Rapporteur Spécial sur les formes Contemporaines du Racisme, de la Discrimination Raciale, de la Xénophobie et de l'Intolérance qui y est associée (2002-2008), implora à l'époque de repenser la construction de réparations au sein des afrodescendants, en mettant l'accent sur le fait que le silence et l'invisibilité constituent les piliers idéologiques de la discrimination, de l'exploitation et de la domination permanentes. Diène, argumenta dans son article paru en 2006, Le Racisme anti-Noir à l'ère de la mondialisation : Enjeux, défis et perspectives post-Durban, en écrivant :

« L'invisibilité est économique et politique. Elle date de l'époque de cette construction (intellectuelle, historique et culturelle).... Et a été confortée par l'entreprise coloniale ».

Mai cette invisibilité est l'une des conséquences profondes du racisme anti-Noir. Elle est d'autant plus paradoxale que le Noir, de par sa couleur et de par toutes les formes de manifestation de racisme, est celui qui est le plus visible. L'autre dimension c'est le silence. D'abord, le silence historique, le fait que les livres d'histoire qui ont été écrits, et que la plupart des pays européens, ont non seulement repris de manière plus ou moins subtile, ont enfiligrané, la construction intellectuelle du racisme anti-Noir, l'enferrement du Noir dans l'image d'une créature de douleur.... Un Homo doloris.

Les réflexions de Diène sur comment l'invisibilité économique et politique des afrodescendants a une base intellectuelle et culturelle qui met en parallèle l'historiographie du silence. Un point mis en exergue par Rolph Trouillot, « ... la production de récits narratifs historiques implique une contribution irrégulière de groupes en compétition et d'individus qui ont un accès inégal aux moyens d'une telle production »... Le signe suprême du pouvoir pourrait être son invisibilité, le défi suprême, l'exposition de ses racines ». Diène insiste sur le fait que la littérature omet de mentionner que la personne africaine crée le modèle de racisme à l'encontre des Afrodescendants. En fin de compte, nous nous retrouvons engoncés dans la douleur, homo doloris, conclusion qui se rapproche de celle de Diène concernant les réparations envisageables, considération qui va au-delà du paradigme économique, car elle en appelle à l'aspect éthique, scientifique et éducatif des réparations. Ses remarques sont focalisées sur le politique et le littéraire, mais on pourrait en dire autant en ce qui concerne les commémorations. Cette subtile forme de répression souligne l'infériorité historique sur le plan physique et mental de l'environnement dans lequel évoluent les afrodescendants.

Cette situation rend les libertés civiles d'autant plus instables. L'absence parle de ségrégation dans l'imagination, les histoires, une absence de vraie convivialité même dans les communautés les plus multiculturelles et hétérogènes. Nous nous souvenons du dilemme de l'imprescriptibilité. Le Soi ne peut pas être effacé, quelle que soit la durée accordée au temps pour déstabiliser l'occurrence d'un crime. Dans l'essai de Mutombo Kanyana : « Reconnaissance, Réparation et Réconciliation : de la Conférence de Durban aux impasses actuelles. La nécessité d'un nouveau paradigme » (2009), résume judicieusement le mouvement mondial des réparations. Il nous rappelle que, alors que l'histoire des réparations a commencé aux États-Unis avec les fondateurs du Mouvement Panafricain, nous pouvons porter une attention particulière au texte de W.E.B. Dubois datant de 1947, intitulé « Requête au nom des Nègres ». D'autres tels que

Paul Roberson, Malcom X, Queen Mother Moore et Ray Jenkins ont continué sur cette lancée, ce n'est qu'à la fin du 20ème siècle que la création du Comité de Coordination des Réparations fondée par Charles Ogletree fit office de caisse de résonance dans l'imagination populaire des Blancs et des Noirs. Les Réparations sont une réponse humanitaire et un remède aux violations des droits humains. (2) Les audacieux efforts bien qu'avortés de la société civile et des leaders de gouvernement tels que le Chef Bashorun Moshood K. O. Abiola (Nigéria, 1990) et le Président Jean Bertrand Aristide (Haïti, 2003) qui ont respectivement apporté un soutien financier important à cette cause, est un précédent juridique et historique bien documenté en vue de réparations, avec une visibilité médiatique internationale consistante, les groupes d'activistes tels que la Coalition Nationale des Noirs pour la Réparation basée aux États-Unis (N'COBRA) Mouvement du 12 Décembre, et les groupes ghanéens : les Réparations du Nouveau Monde Africain ainsi que la Reparation Truth Commission, ainsi que bien d'autres avaient abouti à la conclusion que 777 trillions de dollars étaient dus aux Africains Noirs et à leurs descendants.

La Conférence Mondiale contre le Racisme, la discrimination raciale et autres formes d'intolérance qui a eu lieu en 2001 à Durban, en Afrique du Sud contractant le poids écrasant des crimes géo-historiques, ethniques, basés sur le genre et autres frontières du colonialisme, a soutenu ces efforts. Lors de la Conférence Durban des Nations Unies sur l'Évaluation du Racisme, de la Discrimination raciale, la xénophobie et autres formes d'intolérance qui y sont associées tenue à Genève, Durban Review, la coalition a été soutenue avec succès, les questions liées aux réparations ayant été écrasées par les exigences américaines visant à modifier les termes du document final. Les États-Unis continuèrent en boycottant systématiquement le processus, y compris l'absence du Congrès du Conseil Noir. En Juin 2009 encore, le jour précédant June teenth (date où l'on honore l'émancipation des esclaves en 1865), le Sénat américain passait une résolution présentant ses excuses pour l'esclavage tout en incluant une clause de non-responsabilité. Une résolution non contraignante et il est important de souligner le fait qu'elle soit non contraignante) disant, que le gouvernement des États-Unis d'Amérique « ... reconnait les injustices fondamentales, la cruauté, la brutalité et l'inhumanité de l'esclavage, ainsi que les lois Jim Crow, et présente ses excuses aux Africains-Américains au nom du peuple des États-Unis pour les dommages commis contre eux et leurs ancêtres qui ont souffert de l'application des lois Jim Crow ». Ces excuses notons-le, ont été émises sous l'administration du Président Barack Hussein Obama, le premier président d'ascendance africaine.

Bien que ses efforts n'aient pas encore porté de fruits depuis 1989, le Représentant des États-Unis John Conyers, Jr. (né en 1929) persiste à introduire H. R. 40 au congrès : « Pour reconnaître l'injustice fondamentale, la cruauté, la brutalité et l'inhumanité de l'esclavage à l'intérieur des États Unis et des 13 colonies américaines entre 1619 et 1865 et mettre en place une commission pour examiner l'institution de l'esclavage, et ensuite de jure et de facto ainsi que la discrimination économique à l'encontre des Africains-Américains, leur impact sur les Africains-Américains, faire des recommandations au Congrès concernant les moyens appropriés d'y remédier, et à d'autres fins. « La loi de 1999 (similaire à celle de 1989 H.R. 1745) avait été nommée H. R. 40 comme symbole de « 40 arpents et une mule » promesse qui avait été faite aux esclaves africains durant la guerre civile et qui n'avait jamais été respectée. La commission composée de 7 membres doit revenir se présenter au Congrès avec une série de recommandations.

En 2001 le Mouvement International pour les Réparations / Konvwa Pou Réparasyon, a mis en route un bateau partant de la Côte du Sénégal jusqu'en Martinique en collaboration avec le mouvement mondial pour les réparations. Ainsi tous les ans, un convoi maritime pour les réparations fait le tour de l'île de la Martinique. La marche reconnait également les énormes efforts des abolitionnistes en Guadeloupe et en France, notamment Louis Delgrès (1766-1802) et Victor Schöelcher (1804-1893). Depuis lors, en prévision à cette marche deux tribunaux populaires sont arrivés à la conclusion que l'esclavage et la colonisation étaient des crimes contre l'humanité (2009, 2011). Actuellement un procès civil en vue de réparations est intenté en France. En 2012 d'autre part, des objectifs de réparation ont été mis en lumière incluant l'obtention de fonds pour la création d'un institut de recherches généalogiques pour tous les descendants d'Africains ; un fonds de compensation pour Haïti ; un meeting visant à la création d'une organisation de juristes internationaux axée sur les réparations d'ordre financier ; assorti d'une protection pour les défenseurs des droits humains/avocats. En 2017-2018 les cours françaises de justice ont rejeté la demande de réparations arguant que les crimes contre l'humanité avaient dépassé les limites de la prescription. L'équipe légale de MIR a fait appel et attend une réponse en 2020 de ces cours de justice.

(3) En 2013, les états membres du Marché Commun Caribéen (CARICOM) ont finalement cédé à la société civile qui les exhortait à soumettre conjointement une revendication pour réparations avec le Plan CARICOM de 10 points pour le Programme de Justice, via un comité pour les Réparations dirigé par Sir Hillary Beckles qui s'est ensuite exprimé devant le Parlement britannique en 2014. Après avoir souligné l'impact génocidaire de l'esclavage dans les Caraïbes et les dommages en résultant jusqu'à nos jours dans le tissu social, un appel urgent a été fait par lui, pour une action de justice en vue de réparations par le biais de la santé, l'éducation et les initiatives en ressources humaines, ainsi que diverses questions de développement afin qu'elle soit considérée comme une question d'ordre légal, à caractère moral, dont les fonctionnaires diplomatiques britanniques ont à tenir compte partout dans le monde. En 2019 la Grande-Bretagne a accepté de payer une somme de 20 millions de livres sterling en guise de réparation.

L'État court le risque de diminuer ses capacités en ne reconnaissant pas l'étendue de son capital humain. Le développement de tout être humain est d'ordre psychologique, moral, éthique, intellectuel, spirituel, matériel et spatial. Les droits humains sont intrinsèquement liés au développement humain et notre mémoire nous rappelle respectueusement cette réalité. Nier la mémoire mène à la perte d'acquis humains. Cela fournit à un groupe donné un sens de supériorité morale et imprègne les autres de complexes d'infériorité. Le refus de reconnaître la nature épique de cette tragédie signifie qu'aucune excuse digne de ce nom n'est possible, et sans ce genre d'excuse, aucune réconciliation n'est possible. Sans réconciliation, on ne peut remédier correctement aux injustices. Aussi longtemps que les injustices persistent dans une société, les antagonismes, la non-convivialité, les disparités et les inégalités vont continuer à prévaloir.

La requête finale de Guillen, dans El apellido... elegia familiar, pose la monumentale, pointue et la plus fondamentale des questions humaines que se posent pratiquement tous les Africains de la diaspora sur le point d'être déconnectés (en particulier ceux qui ignorent tout de leurs origines sur un certain nombre de générations) : Sabéis mi otro appellido..... el appellido sangriento y capturado.... Que pasó entre cadenas sobre el mar ? En gros.... « Connaissez-vous mon autre nom ?... Le dernier, ensanglanté et capturé... Qui a traversé la mer enchaîné ? » Sa pièce nous parle du fait que nos récits partagés sont incomplets puisque les références historiques mnémoniques, sociales et linguistiques ont été omises. Il recherche l'un des trois piliers thématiques de la Décennie 2015-2024 pour les peuples descendants d'Africains, « Reconnaissance, Justice, Développement ». Cette reconnaissance ayant une fonction de justice réparatrice, suggère qu'il existe une capacité à reconnaître la nature distincte, la valeur requise ou la perception de la valeur d'une personne, d'un objet ou d'un endroit. La relation entre la reconnaissance et l'identité est aussi influencée par la mémoire. Légalement, la reconnaissance est attachée au rôle de chacun dans la société. Elle parle de sa représentation dans l'état et concerne aussi la capacité de modeler ses résultats. La reconnaissance comprend aussi le fait d'interagir sur les facteurs qui amplifient sa représentation au sein de l'état, y compris la capacité de l'améliorer en vue de former des espaces d'existence plus équitables, de réduire et d'éliminer les disparités qui contribuent à produire l'injustice et entraver le développement. La construction de monuments commémoratifs, devrait contribuer à construire de plus grandes stratégies de réparations en particulier lorsque des érudits tels que Kanyana et Diène ont préconisé une définition plus large comprenant des composantes d'ordre éthique, économique, scientifique et académique au-delà des exigences d'ordre financier de la société civile. En tant que dispositif mnémonique, les réparations favorisent une interprétation plus large, fractale et sophistiquée du paysage politique et de son contexte historique. Le rappel des souvenirs et de la reconnaissance est lié aux dynamiques de nos gouvernements, une présence durable sur tous les fronts est nécessaire pour obtenir les restitutions, en particulier pour les personnes considérées comme des minorités dans leur société. Les monuments commémoratifs encouragent la visibilité et la conservation de l'histoire. Cela permet de reconnaître l'évidence de la dimension humaine des autres dans le paysage à travers leur présence historique, leurs origines et leur place. Tout moun, se moun, tout le monde à une histoire.

NOTES FINALES

1. Le Juriste Theo Van Boven a beaucoup écrit sur le droit de réparations aux victimes de diverses violations des droits humains internationaux, fournissant des principes et des lignes directrices à suivre pour les Nations Unies, et autres institutions mondiales.

2. Feu Moshood Abiola a apporté une importante contribution financière aux mouvements de réparations de 1990. Après avoir été candidat à la présidence du Nigéria, il fut emprisonné pour activisme politique. Quelques jours après avoir été relâché, Abiola mourut dans des circonstances mystérieuses (1998). Le Président Aristide fut personnellement discrédité par les médias et le gouvernement américain, provoquant un coup d'État en 1991 qui mit fin à la première démocratie où un chef d'État fut démocratiquement élu en Haïti. Il revint au pouvoir en 2003 uniquement pour voir ses défis pour le pouvoir légitime coïncider avec ses exigences de réparation au gouvernement français équivalant à 21 milliards de dollars que ce dernier débouta d'une manière illégale le jeune État-nation juste après son indépendance.

3. En 2013, les chefs de gouvernement de CARICOM ont émis une demande réparation adressée aux

gouvernements britannique, hollandais, français et autres. La décision fut alignée aux efforts des députés de l'Union européenne sous l'égide de Jean Jacob Bicep, entre autres, pour fixer une date officielle pour la reconnaissance de l'esclavage et la colonisation européenne, recommandant l'implantation d'une commission régionale pour les réparations basée dans les Caraïbes. En Septembre 2013, sa première conférence pour l'obtention de réparations était tenue dans l'île-état de Saint Vincent et les Grenades, sous l'égide du Premier Ministre Ralph E. Gonsalves. Les déterminations principales comprennent :

a. Tous les pays de CARICOM forment leurs propres commissions nationales pour les réparations.

b. Toutes les commissions régionales de CARICOM seront formées lors du meeting des commissions nationales en septembre 2013.

c. Il est demandé à l'Université des West Indies (Antilles Anglaises) de créer une unité de recherche des réparations pour donner des directives de travail à la commission CARICOM, demande formulée par les dirigeants de CARICOM.

Cette action a accompagné un grand nombre de recommandations faites par des descendants africains pour atteindre leurs objectifs concernant « La Reconnaissance, le développement de la justice ». La demande soumise à l'Assemblée Générale des Nations Unies était intitulée « Rapport du Groupe de travail des Experts dans le domaine des peuples descendant d'Africains, 11eme session, ajout de l'ébauche du Programme d'Action pour la

Décennie pour les peuples descendants d'Africains. « Agenda de la 21e session du Conseil pour les droits humains, article 9, du 3 aout 2012. Les prises de position sont cohérentes avec la lettre du 29 juillet de Abdurahhman M. Shalgam, Ambassadeur et Représentant permanent de Libye, qui a mis en avant le besoin de compensation pour les dommages causés par le colonialisme, proposé aux Nations Unies. En outre, dans les recommandations faites lors de AfricaRat-Berlin en 2010, le Tribunal du peuple est arrivé à la conclusion que la colonisation est un crime contre l'humanité lors de la 125e commémoration de la conférence de Berlin-Congo (1885). Bien que n'ayant pas fait l'objet de discussion durant la conférence, la prise en compte de l'environnement qu'il soit naturel ou fabriqué doit être faite, en tant que références pour la mémoire, et dans cette approche l'inventaire de tous les sites pertinents doit l'accompagner.

4. Présentation de Stephen Campbell, Nouvelles Approches de l'UNESCO sur l'interprétation de l'esclavage dans les sites et musées, université de Virginie, février 2018.

Ce texte est un chapitre modifié tiré de, Wòch kase wòch : Redlining a Holocaust, Memorials and the People of the AfroAtlantic (discriminer un holocauste, les monuments commémoratifs et le peuple Africain de l'Atlantique) publié par Gran Bwa Press, New York, sous le nom de l'auteur : Dòwòti Désir2020.

Texte traduit de l'anglais par Joséphine Ndiaye

La déconstruction du couple kamite comme séquelle de la destruction de la famille kamite par l'esclavage transatlantique. Quelles réparations pour tant de crimes quotidiens restés impunis ?

Par Juliette Sméralda

Sociologue, écrivaine, chercheure

La femme kamite dans l'ordre social et l'ordre sexuel hiérarchique des sociétés esclavagistes du 'Nouveau Monde' subit, au quotidien, humiliation, exploitation sexuelle, viol, violences physiques, punitions, infantilisation et infériorisation, grossièretés, violences symboliques, traitements dégradants, etc. Le vocabulaire utilisé à son endroit est le plus souvent scatologique ou sexuel, systématiquement méprisant. Pour autant, ces métaphores bestialisantes, symboliques du traitement inhumain qu'elle subissait, n'ont pas réussi à l'anéantir.

La femme kamite

L'esclavage transatlantique dans les Amériques des 17e - 19e siècles a mis en relation des populations issues de civilisations qui n'avaient rien en commun. C'était « avant tout un système destiné à extraire le profit maximal d'un peuple de sujets rétifs », contraints par la force (Gerda

Lerner, 1972:19) [53] . L'inhumanité de leurs conditions d'existence tenait de ce que ces femmes étaient prisonnières d'un système profondément raciste et tyrannique, qui s'obstinait à ne voir en elles que des êtres inférieurs ; une sous-humanité privée des droits juridiques les plus élémentaires, à la merci de l'arbitraire des colons européens et américains, planteurs, maîtres et géreurs des sociétés esclavagistes, qui ne les réduisaient pas à la seule fonction de reproductrices[54], mais également à celle de productrices, de maîtresses, de consommatrices, d'éducatrices…

Entre leur réification en objets sexuels, reproductrices – ventres plutôt que femmes et mères – objets exotiques, l'imaginaire occidental et colonial s'est appliqué à construire les femmes kamites en figures stigmatiques (4) (dans les représentations négatives attachées à leurs corps hyper sexualisés et à leur statut social systématiquement dégradé). Au point qu'elles héritent d'une réputation de libertinage qui fait écran à l'exploitation monstrueuse dont elles étaient l'objet dans le système économique esclavagiste...

---

[53]*De l'esclavage à la ségrégation, les femmes noires dans l'Amérique des Blancs,* Denoël/Gonthier.

[54] Aux yeux des esclavagistes, les femmes kamites n'étaient pas des mères, mais de simples instruments de reproduction de la main-d'œuvre. Elles n'étaient que des ventres, du bétail dont la valeur se mesurait à l'aune de leur capacité à se reproduire. » (Angela Davis, 1981).

Peu de sources documentent l'histoire sociale et culturelle de l'esclavage des femmes kamites. Trop éparpillées ou trop rares sont encore celles qui témoignent de leur vie quotidienne et intime. Lorsqu'elles existent, ces sources sont tellement manipulées, qu'il faut s'y référer avec prudence. On a longtemps cru, écrivent Y. Knibiehler & R.Goutaltier (1985:9)[55], (que ces femmes) n'avaient pas d'histoire… On sait bien à présent que même si elles ne font que subir les évènements et les lois…, elles ont une histoire à elles, qui… pèse aussi sur celle des hommes. »

En général, écrit Gerda Lerner (p. 25), « la vie menée par les femmes esclaves était à tout point de vue plus ardue, plus difficile et plus limitée encore que celle des hommes. Elles avaient à accomplir autant de travail que ces derniers. On leur confiait même les plus durs travaux (Angela Davis, 1981)[56], qualifiés aujourd'hui de « métiers d'hommes ». Si elles étaient soumises aux mêmes devoirs que les hommes, les grossesses et l'éducation des enfants étaient des fardeaux supplémentaires qui augmentaient considérablement leur surcharge de travail. On les punissait brutalement, qu'elles fussent enceintes ou infirmes. On utilisait délibérément l'amour qu'elles portaient à leurs enfants pour les enchaîner à leur maître et à la plantation. On pouvait à tout moment en effet se servir des enfants

---

[55]*La femme au temps des colonies*, Stock.

[56] *Femmes, race et classe*, Des femmes, 1981.

comme otages, en cas de tentative d'évasion de leur part. Aussi, avaient-elles moins souvent l'occasion de s'enfuir que les hommes.

L'appropriation du corps et de la sexualité de la femme kamite

Dans la plantation, *l'usage physique* constituait l'essentiel de la relation du colon avec sa « propriété ». « Usage physique exprimé sous sa forme la plus réduite, la plus succincte : l'usage sexuel. « Seul usage physique possible » – « usage du corps de la femme » – « lorsque la rencontre est fortuite et qu'il n'existe pas de liens sociaux stables. » (C. Guillaumin, 1992:23)[57]. La forme d'appropriation dont elle est l'objet est non monétaire, puisque si la femme noire est traitée en prostituée, sa condition d'esclave ne nécessite ni son consentement, ni une contrepartie financière, ni un temps monétairement codifié. Le viol [58] constitue une appropriation violente et abusive de son corps, car la femme ne se prête généralement pas à cette forme d'appropriation de son être. « Cette situation… la tuait psychologiquement… annihilait tout respect d'elle-même ». Elle se sentait (profondément) sale, non respectée, méprisable, vile. « Et cela allait très, très loin dans son âme.

[57] *Sexe, race et pratique du pouvoir / L'idée de nature*, Editions Côté-femmes.

[58] Rôle du viol - appropriation de la sexualité des femmes - dans ces fantasmes (acte sexuel sans contrepartie) : « service » arraché par la force…

Et cette souffrance s'est pérennisée depuis cette époque chez la femme antillaise »[59].

L'homme kamite

L'homme kamite a été destitué de tous les attributs de pouvoir dont l'avait doté sa civilisation, avant sa déportation vers les Amériques et sa réduction à l'état d'esclavagé. Pendant tout le temps que dura son asservissement, les colons et leurs sociétés s'employèrent à l'émasculer, pour lui enlever tout esprit de compétition et toute envie d'entrer en concurrence avec les Blancs[60]. Réduit à l'état le plus avilissant de meuble-étalon, exploité dans sa fonction la plus basique « d'animal reproducteur », il ne fut jamais placé en situation d'exercer les fonctions d'époux et de père, encore moins à avoir des responsabilités familiales, pendant des siècles de domination esclavagiste et coloniale. Faute d'institutions, les usages sur lesquels aurait dû reposer l'unité de la famille kamite étaient en ruine, gravement endommagés (Laclef-Feldman, 2002). Cette famille ne put cependant faire autrement que s'adapter au

[59] Maryse Laclef-Feldman, « La matrifocalité antillaise : son évolution », Journal International De Victimologie, JIDV Revue De Victimologie et Traumatisme Psychiquedepuis 2002 - ISSN 1925-721X.

[60]Depuis l'esclavage, l'homme noir est dépossédé de toute forme de pouvoir, d'autorité et de fonction parentale, qui étaient accaparées par le maître…

désastre colonial, en fondant des foyers qui étaient les lieux de violents conflits (idem).

Il résulte des drames qui l'ont accablé pendant des siècles que l'homme kamite esclavagé « a subi un cheminement pénible à travers les étapes historiques d'un asservissement qui l'inféodait, le frustrait et l'aliénait par des actes honteux, et de perpétuelles exactions sur sa personne. « Dans toute sa souffrance, il n'a donc pas pu assumer une vie de couple. Il a continué à fuir dans l'irresponsabilité, fuir dans la légèreté, fuir dans l'adultère, fuir dans l'agressivité vis-à-vis des femmes. Son autorité a tellement été galvaudée (…), qu'il y a, de temps en temps, de la violence chez lui. » (Laclef-Feldman, 2002).

Régulièrement confrontée à des scénarios destructeurs et exposée à la violence matérielle et morale de son homme, la femme kamite des Amériques parviendra peu ou prou à consolider sa situation matérielle, mais l'homme kamite, qui n'a pas fondé les institutions sociales dans lesquelles il vit, ne sera jamais qu'accidentellement une sécurité pour la femme et l'enfant kamite…

L'enfant kamite

Quand il naissait ; quand il n'avait pas été soustrait aux malheurs de l'esclavage par infanticide, l'enfant kamite appartenait d'abord aux esclavagistes, tout comme c'était le cas pour ses parents. « La pratique pour les maîtresses de s'acheter de jeunes enfants comme petites mains à tout faire alimentait la coutume de la séparation des enfants de leurs parents (Gerda Lerner, 1972). « On ne consulte presque jamais les parents quand il s'agit de décider de ce qui va arriver à leurs enfants ; ils ont sur eux aussi peu de contrôle que les animaux domestiques sur leurs petits. Cette indifférence fait violence à tous les sentiments naturels et sociaux, à toute tendresse ; on traite les esclaves comme s'ils étaient privés de toute émotion humaine. » (Lerner, p. 31).

Voici les échos de quelques drames vécus quotidiennement par des parents impuissants à protéger leurs enfants :

« Un jour Fennel était rentré des champs et sa fille n'était plus là. Sa femme était par terre, évanouie. On avait vendu leur bébé. »[61]

La loi de l'arbitraire le plus total régnait, comme le montre ce texte de *Racines* (p. 257) : « (...) des bébés noirs encore dans le sein de leur mère étaient offerts en cadeau, proposés comme enjeux de parties de cartes ou de combats de coqs. Le Violoneux lui avait rapporté l'histoire de ce maître qui, en mourant, avait légué par testament à chacune de ses cinq filles un des bébés à naître de son esclave Mary, âgée de quinze ans - et déjà grosse. Des enfants noirs étaient donnés en garantie des emprunts, des

[61] *La Virginienne,* Barbara Chase Riboud, Albin Michel, 1981.

bébés encore dans le ventre maternel étaient revendiqués par des créanciers, monnayés par des débiteurs pour se dégager d'une créance. Il savait qu'au cours des adjudications d'esclaves, au chef-lieu du comté, un robuste nourrisson noir de six mois - âge permettant de présumer qu'il survivrait - atteignait deux cents dollars. »

« Un planteur de Bâton Rouge... acheta Randall. Pendant tout le temps que dura la transaction, Eliza poussa de grands cris... Elle supplia l'homme de ne pas acheter son fils sans l'acheter elle aussi avec sa petite Emily... Freeman se retourna sauvagement vers elle, leva le fouet qu'il tenait à la main et lui ordonna de cesser ce vacarme, si elle ne voulait pas être fouettée. Il n'allait pas tolérer pareille conduite – des pleurnicheries de ce genre -; si elle ne cessait pas à l'instant il l'emmenait dans la Cour pour lui donner une centaine de coups de fouet... Elle continua à supplier et à implorer de la manière la plus pitoyable au monde qu'on ne les sépare pas... Mais rien n'y fit... le marché fut conclu et Randall dut partir seul... ».

« Nulle attention de la part de la plus grande partie des habitants à l'éducation animale des enfants de leurs esclaves. Les mères les portant sur leurs épaules aux champs et les laissant toute la journée à l'abandon, à l'ardeur d'un soleil brûlant. Je conclus de tous ces vices que ce sont là les causes principales du peu de population des nègres dans nos colonies, et c'est un mal presque général dans toutes nos colonies à nègres. »[62]

La famille kamite

L'esclavage transatlantique a été cette période longue, d'une violence sans pareille, de destruction en règle de la Personne, de l'Humanité et de la famille kamite ; marquée par la vente de mères, de pères et d'enfants arrachés à leurs parents…

Les souffrances persistantes endurées par les esclavagés exposés aux cruelles séparations qui détruisaient les liens affectifs qu'ils entretenaient entre eux n'ont malheureusement pas fait l'objet d'études poussées. Gerda Lerner rapporte que même mariées, les femmes de chambre et les couturières dormaient souvent dans les appartements de leur maîtresse, à même le sol. L'une d'elles était mariée depuis onze ans, mais n'avait jamais obtenu la permission de dormir ailleurs que dans la chambre de sa maîtresse. Les esclavagés domestiques avaient rarement la permission d'avoir des rapports sociaux entre eux dans la journée, puisque leur travail les *séparait.*

---

[62]Le marquis de Fénelon, gouverneur de la Martinique, lettre du 11 avril 1764 au ministre, citée par G. Debien (2000:362-363).

Les cas n'étaient pas rares, où mari et femme n'appartenaient pas au même propriétaire.

« La famille antillaise s'est adaptée au désastre colonial », mais les rapports au sein du couple kamite sont particulièrement chargés de souffrance (Laclef-Feldman).

« Puisque les Noires n'étaient pas des « femmes » selon la norme, le système esclavagiste décourageait la phallocratie chez les hommes noirs. Maris et femmes, pères et filles étaient tous placés sous la tutelle absolue des maîtres. En favorisant la phallocratie, on aurait dangereusement menacé le pouvoir. Par ailleurs, puisque les (femmes) Noires n'étaient considérées ni comme des représentantes du « sexe faible » ni comme des « maîtresses de maison », les hommes noirs ne pouvaient revendiquer le titre de « chef de famille » ni même subvenir à leurs besoins matériels. (…), Hommes, femmes et enfants « entretenaient » la classe (des) esclavagiste(s). Ils travaillaient tous, côte à côte dans les plantations, selon un schéma indifférencié ne structurant aucune hiérarchie entre les différents membres de la famille… » (A. Davis, 1981:17).

Dans la société (post) -coloniale, la pseudo institution que devient la matrifocalité dans sa version coloniale et raciste, construite sur l'évacuation du père, fragilise la femme. Les Européens qui considéraient la reproduction des Africains aux Amériques comme un pur problème d'élevage, ne la destinaient qu'à favoriser la croissance de leur « capital démographique ». Ils interdirent donc toute institution matrimoniale aux esclavagés. L'homme fut "démissionné" de la famille et transformé en performeur sexuel, en géniteur irresponsable. Maryse Laclef-Feldman l'analyse en termes de pathologie, résultant « de l'histoire de l'esclavage triangulaire, qui a entraîné la destruction du rôle du père, et la nécessité de l'influence prépondérante de la mère dans l'éducation des enfants, afin de pallier ce manque qui a miné ces sociétés pendant 160 ans »... C'est dans ce climat délétère que fut instituée une acculturation systématique des (Kamites) aux valeurs et aux normes des Européens, lorsqu'au 19e siècle, un minimum d'intégration devint nécessaire pour poursuivre l'exploitation coloniale. »

Le fait d'appliquer à la femme noire le paradigme du couple blanc l'excluait de tout ce qui est positivement défini et reconnu socialement. Cette exclusion est responsable de l'émergence de mythes coloniaux destinés à édulcorer les désastres sociologiques causés chez les Kamites par l'état de ruines dans lequel les systèmes esclavagiste et colonial les ont laissés, eux et leurs familles, lorsqu'il y en avait.

L'invention de la « mâle-femme » est significative des effets de tels désastres transformés en mythe fondateur de la destruction coloniale de la famille kamite réduite à la monoparentalité, dans un monde de valeurs occidentales, où s'exprime la domination masculine et la suprématie blanche dans toute leur étendue...

La construction coloniale de la mâle-femme n'entretient que par défaut un lien avec l'idée kamite que la femme était « **la poutre faîtière de la maison** », qui lui assurait une grande indépendance basée sur le respect de sa personnalité, de sa lignée, et de son conjoint... Elle était une force économique, occupant une place importante. Elle n'existait pas qu'à travers son seul état d'épouse ou de femme assujettie. Elle occupait, plus souvent que rarement, une place honorable dans la vie de la communauté, dans la direction des affaires concernant son peuple[63].

Le taux d'échec social très élevé chez les Kamites des Amériques n'est pas sans rapport avec la destruction des liens historiques qui structuraient leur communauté humaine à travers tout un réseau de liens intrafamiliaux et sociaux d'autant plus efficaces qu'ils étaient d'une grande complexité. Dans ces sociétés qui pratiquent la discrimination socioraciale telle une éthique, les jeunesses kamites qui grandissent à près de 50% dans des foyers matrifocaux, sont en déshérence, faute de rempart familial. Devant assumer seule les fonctions de deux parents, la mère est vite débordée et les enfants sont livrés à eux-mêmes, aux psychotropes, à la délinquance (Laclef-Feldman, 2002).

---

[63]Sarah Kala-Lobé, « Situation de la femme dans la société traditionnelle », dans *La civilisation de la femme dans la tradition africaine*, Colloque d'Abidjan, 3-8 juillet 1972, Présence Africaine, 1975, [92-105].

Malgré les innombrables maltraitances que leur infligea le système inhumain de l'esclavagisme, et le rôle funeste qu'il leur fit jouer contre les hommes de leur communauté, il faut considérer, comme Gerda Lerner, que les femmes kamites « ont beaucoup plus participé à tous les aspects de la résistance que les historiens ne l'ont reconnu jusqu'ici ; de la rébellion au sabotage et à la résistance passive. » Il faut absolument tenir compte de leur effort quand on pense à la lutte que les Noirs ont menée… pour survivre. »

Guyane : Connaître le crime contre l'Humanité pour ne pas l'entretenir

Par Apa Mumia Makeba (Benoît Bechet)

Président de MIR Guyane

C'est dans *le rejet de l'autre que la prise de conscience commence et nos Ancêtres l'ont expérimenté dans leur chair depuis qu'ils ont été arrachés à leur sol natal.*

Quand cette manifestation se prolonge à travers des prétendus progressistes, la rupture devient inévitable. C'est ainsi qu'en 1967 la plus grande centrale syndicale de Guyane a coupé le cordon ombilical qui le liait à la CGT. Dans ses statuts, est inscrite l'exigence d'indépendance nationale de la Guyane.

Ces quelques mots expliquent le lieu et le contexte où a émergé la notion de crime contre l'Humanité et les réparations.

Près d'une dizaine d'années après le décès du fondateur et 1er secrétaire de l'UTG, Turenne Radamonthe, chacun avait toutes les raisons de justifier son désengagement face au décret visant à commémorer l'abolition de l'esclavage. Cependant les manifestations commémoratives bénéficiaient d'une très grande couverture médiatique. Notre silence devenait complice d'une situation qui trahissait la mémoire de notre ligne syndicale ainsi que l'histoire de la résistance et même pire cela faisait la part belle à celles et ceux qui promotionnent *le culte du Blanc sauveur*.

C'est à la mort du fondateur de l'UTG le 9 juin 1989 que la centrale a décidé, l'année suivante, de marquer l'évènement qui sera enfin dénommé *9 & 10 juin journées de résistance contre l'exploitation capitaliste et colonialiste*. Toutes les manifestations ont depuis été associées aux composantes de base du peuple de Guyane à savoir les Guyanais de la vallée du Maroni et du littoral et ceux que les colons ont toujours désignés sous le vocable d'Amérindiens. Ces composantes forment une communauté de souffrance, mais aussi de résistance.

Lors de l'année du cent cinquantenaire de ce décret, le comité « Sa ou pa konèt gran pasé ou » comprenant l'UTG a développé le sujet sous l'angle du crime contre l'Humanité, dénoncé la falsification de l'histoire et cela lors d'une grande conférence tenue en février 1998 par le professeur Obenga. Ce dernier a démontré la base du crime et démonté les contre-vérités universitaires issues des sciences de l'ethnologie consacrées à l'Afrique et s'appuyant sur les théories du philosophe Hegel. Cette même année le conseil régional de Guyane devait se prononcer sur la proposition des élus du M.D.E.S. Bien que l'assemblée, majoritairement représentée par des personnes d'ascendance africaine et malgré le succès de cette conférence affirmant que cette tragédie était un crime contre l'Humanité, le groupe majoritaire de cette assemblée a subordonné sa décision à d'autres « investigations » afin d'avoir un avis plus « éclairé ».

C'est à la suite de la mobilisation des Afrodescendants à Durban en 2001, de la Loi reconnaissant l'esclavage comme crime contre l'Humanité - portée par Christiane Taubira et de la parution de l'ouvrage de Rosa Amelia Plumelle Urible « la férocité blanche » que la question des réparations a pris forme à travers la création du M.I.R. *atè Gwiyàn*.

C'est lors d'une conférence organisée le 10 juin 2003, qui avait valeur de congrès du peuple, en présence du même président de région, qu'a été décidée la construction d'un lieu de mémoire, à contre-courant de l'histoire officielle et c'est dans la commune de Rémire, premier lieu de déportation des Africains, mais aussi de résistance et de marronnage qu'a été décidé d'y installer le lieu de mémoire.

Le 10 juin 2004 en Guyane commence le 1er convoi pour les réparations, la pose de la première pierre par le M.I.R. (comprenant plusieurs composantes syndicales, associatives et politiques et des délégations de la Martinique et de la Guadeloupe). Le 10 juin 2008, l'érection de la statue des marrons de la liberté qui fut donc le 1er monument rendant hommage aux luttes des Ancêtres Africains contre la Maafa*. En 2009, l'inauguration officielle avec des rituels afro-amérindiens, plus tard dans le cadre de la journée internationale de la femme, le changement de dénomination du lieu abritant « la statue des marrons de la liberté » par celui de l'héroïne Adélaïde Tablon. Certains historiens ou professeurs d'histoire ont critiqué ce choix de nom argumentant sur le fait que son histoire ne s'inscrivait pas dans la période précédant l'abolition. C'est oublier que le crime n'a toujours pas cessé, mais se poursuit comme l'a démontré la thèse d'Hegel fondée sur le déterminisme géographique et arguant que l'Afrique étant une zone chaude ne pouvait pas être propice à la raison. Plus récemment, le discours de Sarkozy à Dakar et de nombreux exemples démontrent que le racisme est l'idéologie et la substance de la tragédie africaine. Dans le cas de notre mère Adélaïde Tablon, elle luttait justement contre ce racisme ; de plus, elle est un symbole fort, car elle a gagné le combat qui l'opposait aux autorités coloniales qui voulaient imposer un colon en lieu et place d'un élu Afrodescendant dans la commune de Roura.

La lutte pour les réparations trouve ses limites dans la méconnaissance du crime, donc dans une mauvaise évaluation des préjudices. Cela ne permet pas d'identifier les victimes ni les coupables. Pourtant l'occupation de la Guyane par un État exerçant son pouvoir en dehors de ses frontières territoriales parait évidente. À moins de valider l'idée que les mélano-africain sont des sous-hommes, car ils sont les exclus de toujours dans la presque totalité des domaines de la vie publique, sociale, économique, etc....

Cependant les réparations ne peuvent pas être que symboliques, à moins de se déconsidérer et là encore ce serait intérioriser l'infériorité des personnes d'ascendance africaine.

Quelle est notre réalité **géopolitique** aujourd'hui quand les pays qui nous entourent, le Surinam, le Brésil, le Guyana, le Venezuela formant le plateau de Guyane sont indépendants et que peu d'accords bilatéraux et de coopération économique entre la Guyane (sous tutelle française) et ses voisins n'existent que par procuration.

La réalité **culturelle** devrait permettre la survivance des pratiques traditionnelles avant la maafa*, mais la domination politique est tellement forte que les communautés qui résistaient hier sont gagnées par les valeurs étrangères et quand elles ne tombent pas dans la politique assimilationniste qui touche une très grande partie des habitants du littoral guyanais, nombre de ses membres, à l'intérieur du pays, se suicident.

Au plan **cultuel**, sur la grande majorité du littoral et maintenant sur les bords du Maroni, on assiste à une dissémination de religions importées relevant du régime colonial.

Dans le **système éducatif**, tous établissements confondus (y compris les universités), l'enseignement s'inscrit dans un projet civilisationnel européen. Les programmes d'études, le calendrier de l'année scolaire respectent la vision française dans tous ses aspects y compris en contradiction des réalités climatiques et saisonnières.

Le spatial domine l'**activité économique** au détriment de l'agriculture et l'élevage. La France a atteint son objectif en expropriant des agriculteurs et cultivateurs de leur base familiale, sociale et économique et en s'installant entre Kourou et Sinnamary, région connue naguère pour son auto suffisance alimentaire. Cette région avait démontré que, même pendant la guerre 39-46 en Europe, sa population, non seulement, n'avait pas eu les problèmes alimentaires que connaissait la capitale, mais la fournissait en produits d'élevage. Aujourd'hui la Guyane est placée sous la dépendance d'une activité économique asservie au marché des satellites. L'activité spatiale n'est pas venue compléter l'existant, mais la remplacer. Aujourd'hui l'activité économique est devenue dépendante des subventions. Le symbole colonial de la Guyane c'est le spatial qui sert directement les intérêts de la France et de l'Europe. Il bénéficie d'une protection très forte de l'État au point que jusqu'à aujourd'hui, aucune autorité médicale ne s'est penchée sur l'impact sanitaire de l'activité spatiale. Heureusement il y eut la grande grève générale d'Octobre 92 regroupant les quatre grandes centrales syndicales UTG, CDTG, FO et la FEN sous l'appellation M.S.U. (Mouvement Syndical Unifié) qui dénonça cette dépendance du spatial à la fin des grands travaux à Kourou en faveur du développement de l'activité spatiale.

En 2017 ce fut le cas encore avec le syndicat UTG de l'éclairage avant d'être rejoint par des collectifs, point de départ du mouvement de mars/avril 2017.

Du point de vue **linguistique**, les variantes linguistiques des langues parlées en Guyane par des personnes d'ascendance africaine ont une racine et une syntaxe africaine, bien que niées par l'administration coloniale. Ces langues ne sont pas menacées de disparitions en tant que langue, mais au fil du temps elles perdent leur substrat africain et c'est l'objectif recherché.

Une citation d'Aimé Césaire 1962 sur la langue dite créole citée à la page 9 du livre Jean Luc Divialle indique ce qu'il a lieu de faire : « *Je ne suis pas du tout créolisant ! Pour plusieurs raisons… Et c'est que peut-être, j'ai le sentiment de l'infirmité de cette langue qui s'appelle le créole, qui me parait vraiment une petite langue régionale d'une portée extrêmement limitée. Non pas du tout que je la méprise, mais enfin, pour en faire un instrument valable, il aurait fallu faire sur cette langue un effort aussi prodigieux que celui que les gens de la pléiade ou les hommes du XVIe siècle ont fait au français. ».* Voici encore une perspective qui ne pourra pas se faire par procuration et qui tombe dans le champ des réparations : faire renaître notre langue que la violence n'a pas épargnée.

Enfin, fondamentalement, si les réparations relèvent de la justice, il est évident que cette question est éminemment politique et c'est en ce sens qu'une loi a été prise par les parlementaires français, mais a été amputée du volet réparation afin de la rendre normative. C'est au peuple de la rendre fonctionnelle par la mobilisation. Cependant la situation politico-administrative des pays sous la tutelle de la France reste très embarrassante et la France a décidé de faire la guerre contre le communautarisme. Elle ne précise pas que cette guerre est ciblée contre une communauté en particulier, car il y a des communautés en France, qui ont leurs propres écoles, leurs propres banques, leurs lieux de cultes, etc., et qui ne sont pas menacées.

Du coup, la question de la consubstantialité des réparations et l'accès de la Guyane à sa pleine souveraineté restent un mot d'ordre aujourd'hui le plus approprié.

La situation des États de la Caraïbe confirme cette conclusion par les avancées sur la question des réparations.

L'auto-réparation permet d'éclairer, mais surtout de prendre conscience de notre capacité à vivre dignement en dehors du système de prédation imposé et accepté par tous et toutes, et cela dans tous les domaines.

Le corps caribéen : comment l'art peut-il réparer la mémoire organique d'une souffrance historique

Par Patricia Donatien

Professeur des universités

Université des Antilles

L'homme ne peut être compris, s'il n'est pas considéré et accepté dans sa globalité et singulièrement dans sa relation à lui-même, dans son rapport à son corps, et dans le lien sensuel qu'il entretient avec l'univers, notamment au travers de ses activités spirituelles et artistiques.

Dans l'espace caribéen, marqué par la violence de l'histoire et des systèmes, l'individu dépossédé de la libre jouissance de son corps a refoulé pendant des siècles ses véritables ressentis, allant jusqu'à développer un syndrome virulent bien connu de la médecine populaire : la blès, blessure interne, trouble des sens et trace psychosomatique des souffrances physiques et mentales endurés pendant des siècles. Le Caribéen, dans son rapport corporel au monde et contrairement à l'image stéréotypée répandue par une pensée coloniale et exotique, est un être sombre et marqué par la brutalité et la corruption de l'histoire. Ainsi, pour bon nombre de Caribéens, le rapport au corps demeure problématique, car marqué par un discours populaire, institutionnel ou commercial où prévaut un langage exotique, sexué, dévalorisant et propice aux fantasmes et aux idéologies racistes qui constituent une violence psychologique et symbolique, mais aussi à la perpétuation du rejet de soi et des divisions sociales et raciales héritées de la pigmentocratie plantationnaire.

Certains précurseurs ont dénoncé avec force depuis des décennies l'imposture et la fausseté des discours préconçus sur le corps caribéen dont le véritable langage et les messages sont porteurs de fragmentations et de douleurs mémorielles. Les artistes caribéens contemporains : écrivains, peintres, sculpteurs et chorégraphes abordent le corps et le langage des sens sous l'angle d'un approfondissement opposé aux visions exotiques, révélant dans une approche parfois brutale, la violence et la laideur des marques du passé et des traumatismes du présent qui tentent de se dissimuler sous le masque de l'exaltation du corps : corps hypersexué, souvent disproportionné et valorisé dans tous ses excès.

Comment faire dès lors pour que ce corps encore stigmatisé, rejeté (couleur de peau et chevelure qui sont encore perçues et reçues comme des barrières sociales) ou enfermé dans des préjugés restrictifs et infériorisants soit réparé et cesse d'être notamment pour les Afrodescendants martiniquais une source de souffrance et une entrave sociale, économique et personnelle. Une des pistes possibles parallèlement à ce que peut offrir la psychanalyse et la réparation ontologique découlant d'une révision du langage (notamment l'abandon des terminologies animales dues aux classifications de Moreau de St Méry[64]) est l'art et ce que la littérature, la danse, les arts visuels peuvent offrir aux êtres dans une révision réparatrice d'eux-mêmes.

Pour tenter d'apporter une réponse à cette problématique, il est nécessaire dans un premier temps d'explorer le sens du corps dans les sociétés postcoloniales dans lesquelles nous vivons ; premièrement par le biais de l'étude de l'image d'un soi excessif dénaturé galvaudé par la publicité, les réseaux sociaux, les sites internet et autres médias et d'autre part la vision du corps donnée des expressions artistiques caribéennes contemporaines qui montrent le langage de la blès, un langage corporel brut du non-évitement et du contre-exotisme qui codifie et structure les œuvres récentes. Par le biais de cette véritable esthétique des corps et des sens confrontés à la douleur et à l'excès, nous tenterons de démontrer comment, dans une reconstruction de son corps spatial et dans une projection déculpabilisée et rénovée de ses perceptions sensuelles, l'artiste caribéen d'aujourd'hui reconstruit l'histoire, l'espace et dit son monde et peut aussi dans une certaine mesure aider celui qui souffre dans son corps à se réconcilier avec lui-même. Pour en arriver là, nous verrons comment le rapport au corps

---

64 Louis Elie Moreau de St Méry, « Description topographique, physique, civile, politique et historique de la partie française de l'isle Saint-Domingue. 1798 ». Moreau de St Méry décrète par une idéologie de couleurs supposée scientifique une catégorisation des Noirs basée sur les croisements et la quantification de « parts » de sang blanc et noir. Il décrète qu'il existe 128 combinaisons possibles réparties en neuf catégories.

dans la Caraïbe s'articule autour d'une mémoire et d'un vécu du corps.

Qu'est-ce qu'un corps, quelle mémoire du corps pour le Caribéen

Fanon dit qu'il ne veut pas être esclave de l'esclavage. Cela sous-entend pour moi qu'on ne saurait se contenter d'ignorer le phénomène historique de l'esclavage ; qu'il faut ne pas en subir de manière pulsionnelle le trauma persistant. Le dépassement est exploration projective. L'esclave est d'abord celui qui ne sait pas. L'esclave de l'esclavage est celui qui ne veut pas savoir. (Glissant *Le discours antillais* 129)

Pour beaucoup d'entre nous Caribéens, les traumatismes historiques de l'esclavage et de la colonisation semblent si lointains et si impertinents qu'ils cessent, à nos yeux, de « constituer une version plausible des effets de destruction qui se développent entre générations » ; cependant, la recherche et la compréhension de plus en plus éclairée de notre histoire ont permis à beaucoup d'autres de comprendre que la colonisation et l'esclavage en tant que phénomènes historiques ainsi que les caractéristiques anthropologiques des sociétés créoles sont à l'origine même de la violence que subissent encore aujourd'hui les populations. Toutefois, il nous est plus difficile de discerner comment ces phénomènes historiques s'insinuent dans notre intimité, dans notre compréhension de nous-mêmes, dans notre rapport à notre corps et dans celui que l'autre entretient avec ce corps. Il n'est souvent que l'art, dans la confusion socio-historique, pour nous crier notre vérité. Michela Marzano, chercheuse au CNRS nous apprend que : « Notre corps est l'une des évidences de notre existence : c'est dans et avec notre corps que nous sommes nés, que nous vivons, que nous mourons, c'est dans et avec notre corps que nous construisons nos relations avec autrui… notre corps est un objet »

Le problème dans nos sociétés porteuses de stigmates est qu'envisager le corps en tant qu'objet n'est pas seulement un postulat philosophique, mais une réalité que nos arrières grands-parents ont vécue dans toute l'ignominie du refus d'humanité. Par le biais de l'inconscient collectif, des charges cognitives, des transmissions des habitus, mais aussi par une violence symbolique qui nous soumet et fait de nous les agents de cette violence imposée, nous avons gardé enfouies en nous cette compréhension et cette définition de nos corps comme objets. Car nos corps sont des corps-mémoire.

En effet, l'esclavage et la colonisation ont été des ères de déni d'humanité pendant lesquels les êtres humains ont été ravalés au rang de meubles, déportés, vendus, exploités, torturés. Les corps devenus objets, chosifiés comme nous le dit Aimé Césaire, sont niés dans leur relation à l'esprit, à l'âme, pour devenir des entités animales ou encore des machines à produire, à tel point que dans la langue créole, le corps est indépendant et agit contre nous, comme agent de la souffrance :

Kó mwen ka fè mwen mal,

Pié mwen ka brilè mwen, janb mwen ka lansé mwen

Ainsi, le Caribéen et singulièrement le Martiniquais ne dit pas « je souffre », il exprime l'idée d'un corps indépendant qui ne lui appartiendrait pas et qui lui imposerait une souffrance ; le corps dans son tout et les parties qui le constituent sont porteuses de blessures et nous tourmentent. Les blessures dont il s'agit sont à la fois les blessures de la mémoire personnelle, imprimées parfois dans la chair par la perte d'un être cher, par un accident, par une maladie et les blessures de la mémoire collective, infligées par la violence de l'histoire et au sens perpétuellement bafoué de la liberté et de la justice. À cet égard, nous dit Paul Ricœur, il faut rappeler le paradoxe de la mémoire qui fait qu'il n'y a rien de plus personnel, de plus intime et de plus secret que la mémoire, mais que les mémoires des uns et des autres, entre parents, voisins, étrangers, réfugiés — et aussi adversaires et ennemis — sont incroyablement enchevêtrées les unes dans les autres au point parfois de ne plus distinguer dans nos récits ce qui revient à chacun : les blessures de la mémoire sont à la fois solitaires et partagées.

Ainsi, dans la réception que nous avons de notre corps, notamment quand il souffre, les vestiges des activités et des souffrances d'autrefois sont présents, mais il est également impacté par un certain nombre de perceptions très dévalorisantes qui ne sont d'ailleurs pas sans lien avec les philosophies coloniales et qui entretiennent l'idée, encore présente dans l'esprit d'un grand nombre que les caractéristiques négroïdes seraient vecteurs de laideur, d'infériorité.

En effet, les populations caribéennes ont effectué un encodage violent de la perception que leur ont infligée les systèmes déshumanisants de l'esclavage et de la colonisation ; une perception perpétuée par les agents de la violence que sont les institutions religieuses, administratives et éducatives. Les Caribéens marqués dans leur ADN par cette dévalorisation, ce rejet de soi, cette blès ont donc été acculés à considérer leur corps comme un objet distancié avec lequel ils entretiennent parfois des liens traumatiques ; et cette crispation douloureuse est encore de nos jours une réalité pour un grand nombre.

Pensée et perception du corps que peut l'art

Face aux difficultés évoquées et à la réalité d'une relation quasi pathologique que le Caribéen et singulièrement le Martiniquais entretiendrait avec son corps, comment l'art peut-il intervenir en tant que régulateur et peut-être dans un renversement des représentations de soi ? Dans les sociétés de tradition, non déterminées par le pouvoir de la technique, c'est l'ordre symbolique qui prédomine dans lequel le rapport entre le corps et le social est étroitement mêlé à la nature et aux figures mythiques ; mais les sociétés actuelles ont tendance à oblitérer la fonction symbolisante du corps.

C'est sans doute dans cette faille que l'art peut s'immiscer et trouver, peut-être, une place de médiateur, une fonction réparatrice, en ce sens que l'art possède ce pouvoir de lier le symbolique au réel et tout ce qui est de l'ordre du psychique, de l'imaginaire au fonctionnement rationnel du quotidien. Ainsi, l'art peut intervenir à mon sens sur quatre plans :

- Exploration
- Monstration
- Thérapie
- Revalorisation.

En effet, l'étude des œuvres caribéennes permet de constater que l'art peut agir d'abord en amont sur le fonctionnement de nos sociétés, par l'exploration et la compréhension de ce que nous sommes, de qui nous sommes et de pourquoi nous sommes ainsi. L'approche historique et historiographique, qui est souvent la seule dont nous disposons, n'apporte pas aux Caribéens de réponses face à bon nombre d'interrogations sur leur identité ou leurs identités, sur les fonctionnements et dysfonctionnements ontologiques et sociaux, mais aussi sur les valeurs auxquelles on pourrait se rattacher notamment d'un point de vue spirituel. Cette histoire officielle qui nous a été enseignée et qui demeure encore souvent la seule source dans bon nombre d'analyses est, nous le savons, tronquée et orientée, ne faisant aucune référence à la parole des peuples déportés, esclavagisés ou exterminés. Ainsi, l'art dans la Caraïbe — et dans ce mot art, j'inclus les arts vivants que l'Occident a dénigrés en les cataloguant d'art premier, de tradition ou d'artisanat — fait souvent office pour les Caribéens de socle de mémoire et d'histoire. Les chants, les contes, les peintures, les installations rituelles et le carnaval par exemple viennent combler les vides laissés par l'histoire officielle, ils apportent des surfaces d'expression aux souvenirs enfouis et permettent aux peuples par des mécanismes intuitifs ou de résurgence de se reconnecter au passé et à leurs Ancêtres, à ce qui est essentiel pour l'équilibre de chacun et bien entendu, pour une bonne relation à soi et une réception positive de soi et de son corps.

Deuxièmement, l'art exerce une fonction de monstration et de non-évitement. L'artiste nous met en face de nos réalités, de nos souffrances, de nos dysfonctionnements et ainsi l'œuvre acquière une fonction cathartique. Les dispositifs de déni, de dévalorisation et de rejet de soi mis en œuvre par les systèmes esclavagistes et coloniaux au sein des plantations (et qui sont perpétués dans les sociétés postcoloniales ou encore colonisées, si on parle d'un certain nombre d'îles de la Caraïbe au rang desquelles apparaissent la Martinique et la Guadeloupe), impactent encore très lourdement les populations caribéennes, comme nous l'avons vu, notamment dans leur rapport leur corps. En effet, la détestation de tout ce qui ne correspond pas à un idéal esthétique, de tout ce qui nous rattacherait à des origines non-européennes et notamment à l'Afrique nous a été enseignée à l'école, à l'église, dans les institutions et par le biais de la langue : une langue européenne, anglaise, française, espagnole truffée de termes coloniaux, racistes et une langue créole reprenant à son compte un vocabulaire plantationnaire violent envers nous-mêmes. Tout cela, chacun de nous en a une perception intuitive, nous savons pour la plupart qu'une violence s'exerce encore sur nous et nous ressentons très souvent une frustration sans pouvoir y mettre de mots, sans pouvoir décortiquer le sens de ce qui se passe en nous, sans pouvoir nommer nos émotions. L'artiste qui est la peau sensible du peuple, comme nous l'enseigne le philosophe René Ménil, peut lui mettre des mots, des sens et des images sur toutes nos émotions et tous nos ressentis. Les performances, les peintures, les musiques, les chorégraphies et pièces de théâtre font ressurgir nos émotions enfouies, elles permettent un exorcisme des douleurs, elles nous obligent à faire face à ce que nous voulons ignorer et c'est en ce sens que l'œuvre caribéenne est cathartique.

Troisièmement, l'art possède une fonction thérapeutique, c'est-à-dire que par la pratique régulière impulsée par un praticien d'une discipline artistique, l'être en souffrance pourra colmater les brèches ouvertes par certaines maladresses, extérioriser des émotions non exprimées, retenues et contenues. Dérision, humour sont souvent des biais utilisés dans nos sociétés qui permettent de prendre de la distance et ainsi, d'accepter ce qui fait mal ; cependant, il est parfois nécessaire d'aborder frontalement l'origine de la souffrance et notamment la non-acceptation du corps. Ainsi, la danse et le théâtre notamment sont des formes d'art qui permettent à l'individu marqué par la détestation de sa couleur de peau, de ses formes, de ses cheveux et qui sont parfois dans le rejet du toucher, dans une violence envers soi (décoloration de la peau, perte des cheveux) et même dans l'autodestruction par l'ingérence de substances addictives, de revenir à un rapport sain avec soi.

Et enfin, quatrièmement l'art possède une fonction de revalorisation. L'art caribéen s'est inscrit dans la création d'une nouvelle représentation de soi, dans la construction d'un nouveau langage non infériorisant, en bref dans l'élaboration d'une esthétique valorisante. En effet, Aimé Césaire a dénoncé dans *Cahier d'un retour au pays natal* cette imposture qui consistait nous faire croire que nous n'étions rien au monde et que nous n'avions rien apporté au monde. L'émergence de cette esthétique caribéenne qui structure notre musique, notre littérature, nos arts visuels, qui élabore nos chefs-d'œuvre, notre classicisme, nous élabore aussi en tant qu'êtres. La fierté, le bien-être, les émotions fondatrices et le sens de l'accomplissement que nous ressentons dans un concert, face à une peinture, à une sculpture, à une installation, en regardant un danseur rétablir le sacré, nous redonnent le sens de nous-mêmes, nous révèlent à nous-mêmes, nous réconcilient avec nos corps, nous apprennent à nous regarder nous-mêmes avec amour, positivement. Élaborer et s'approprier cet art qui nous transcende relève l'individu et répare le peuple.

Conclusion

Le créateur caribéen, je parle ici de l'artiste qui a effectué une démarche considérable sur lui-même et est descendu dans les tréfonds de son être pour comprendre ses rapports au monde et à l'autre, connaît la blès et sait qu'il la porte en lui. Sa création est une réaction à la blès, une thérapie qui s'applique à lui-même, mais qu'il destine aussi, à l'autre. L'artiste caribéen a la volonté de comprendre ces phénomènes d'intériorisation et de somatisation qui débouchent sur une brusque et violente remontée de la douleur. Il les traduit comme il les ressent, et c'est pourquoi son esthétique est souvent une esthétique de l'excès, car elle est générée par l'irruption contrôlée du mal et de la souffrance. La sagesse populaire perçoit et nomme ce que dans nos centres urbains nous ne percevons plus et ne nommons plus, l'art sait souvent reprendre cette perception à son compte. L'art caribéen fait parler le corps caribéen ; ce corps parle de ses souffrances, ce corps parle de son âme, ce corps parle de sa mémoire, ce corps parle de sa blès. Et ce faisant, il se répare.

Devoir de mémoire et dénonciation du scandale de l'empoisonnement au chlordécone en Martinique dans l'exposition Tè Bwa, Glo de Patricia Donatien : un plaidoyer artistique pour une réparation et une autoréparation

Par Rodolphe SOLBIAC

Maître de conférences – Habilité à diriger des Recherches
Études anglophones caribéennes

Université des Antilles

Compte rendu de visite de l'exposition *Tè Bwa, Glo* [65]de Patricia Donatien, visible à la Galerie André Arsenec de *Tropiques Atrium* Scène nationale, du 16 décembre au 4 janvier 2020.

Tè Bwa, Glo apparait comme exposition créée en pensant aux enfants du pays Martinique, ceux d'hier, d'aujourd'hui et de demain. Patricia Donatien y dénonce l'empoisonnement génocidaire de l'eau de Martinique, les complicités et les inerties face à cette situation scandaleuse. Mais *Tè Bwa, Glo* va plus loin, pour alerter sur le danger de disparition qui selon l'artiste guette le peuple de Martinique.

Tè Bwa, Glo de Patricia Donatien accueille le visiteur avec trois toiles intitulées respectivement Tè, Bwa, et Glo qui introduisent une exposition multiforme et poignante, créée dans une interrelation avec la philosophie du monde du bèlè de Martinique,

[65]https://tropiques-atrium.fr/wp-content/uploads/2019/12/WEB-CATALOGUE-PD-DEC2019.pdf

et dans une intertextualité avec la chanson *Té, bwa, glo* du compositeur de bèlè André Dru. L'hommage à la nature d'André Dru se métamorphose en tableaux (« La nati 1 et La nati 2) dans la création de Patricia Donatien.

Mais déjà la lumière de la mort provenant du triptyque « Jénosid », atténuée par une impression de colorisation, provoque l'effroi, en évoquant la menace d'une disparition organisée en pleine lumière par ceux qui souillent la mangrove-berceau de vie.

Ensuite, le Triptyque « Yo kriminel » et le duo « Jistis », la série la série « Anba bwa, « Anba so », et « Fèy'o, contribuent à l'articulation du discours de *Tè Bwa, Glo.* En effet, ce triptyque « Yo kriminel » ainsi que le duo « Jistis » sont eux aussi créés dans une intertextualité avec la chant bèlè « Yo Kriminel » de Pierre Dru, qui réclame réparation pour les victimes de l'empoisonnement de la terre et de l'eau par le chlordécone.

Dans *Tè Bwa, Glo* toiles de format divers, autel, sculpture improbable se combinent à une installation bouleversante, « Prenez et buvez-en tous », qui dénonce un empoisonnement institutionnellement autorisé de l'eau, mené en grande pompe avec la bénédiction de tous ceux qui savaient.

Ce sombre tableau de la situation martiniquaise est cependant atténué par un message d'espoir porté par l'œuvre monumentale « Le colosse » réalisée avec des photos de la nature schoelchéroise, prises Jacques Dijon, qui se combine à une autre installation, intitulée « Petit autel pour demander pardon à l'arbre coupé », pour inviter à renouer avec une nature qui possède la faculté de se renouveler et appeler ses concitoyens à être les acteurs de sa régénération.

Si le discours général de *Tè Bwa, Glo* articule une dénonciation du capitalisme international de monoculture semeur de mort, la toile « Ago lé kiltivatè » rend hommage aux paysans qui ont un autre rapport à tè, bwa, glo, que celui des « planteurs ».

Ceux qui connaissent le travail de l'artiste retrouvent sa démarche et son style, pour une expérience du beau à la fois ressassée et renouvelée. En effet, sur les toiles de Patricia Donatien s'écrit l'interpellation de ceux qui nous ont quittés sans être respectés. Ceux que l'on n'a pas entendus sur le chlordécone investissent les toiles de Patricia Donatien. Ils s'imposent dans cette création pour interpeller la communauté et réclamer justice. Leur surgissement en filigrane sur les toiles apporte un certain renouvellement au style de Patricia Donatien.

Le Poète fut « la bouche des malheurs qui n'ont point de bouche, »[66], la main de Patricia Donatien, elle, écrit, sur la toile, ceux que l'on n'a pas entendus sur le chlordécone, qui on peut être rejoint les Ancêtres non honorés, les Ancêtres sans sépultures morts jadis dans ces mêmes champs aujourd'hui chlordéconés.

Si pour l'écrivain Barbadien George Lamming, le romancier caribéen est l'historien des sentiments du peuple, avec le Triptyque « Yo kriminel » et le duo « Jistis », de *Tè Bwa Glo* Patricia Donatien accède à la dimension d'historienne des sentiments d'un peuple en blès auquel de nouvelles blessures sont infligées.

Dans *Tè Bwa, Glo,* l'engagement de Patricia Donatien est servi par une innovation, dans sa pratique, qui nous fait vivre une expérience du beau différente et poignante dans la série « Les gardiens de l'Alma », « Anba bwa, « Anba so », et « Fèy'o », tableaux pour lesquels l'artiste utilise une technique qui combine peinture acrylique sur photographies des sous-bois de Martinique, prises par musicien photographe Thierry Pivert et retraitées au moyen de l'infographie. Ici, l'innovation dans la

[66]Césaire, Aimé, *Cahier d'un retour au pays natal*. Paris : Présence africaine, 1956.

technique de Patricia Donatien est au service de la célébration des bois et sous-bois de la terre Martinique qui révèle dans le même temps les êtres en souffrance qui les habitent. Vie et mort, souffrance et ressources, Patricia Donatien nous projette dans les bois du Pays qui recèlent les douleurs, menaces et savoirs, mémoire et avenir, errance et colère pour « Anba bwa » et « Fèy'o, mais également lumière, spiritualité et espoir pour « Anba so ».

Après l'expérience de l'intime et de la transmission matrilinéaire que proposait l'exposition « *Adie Julie et Moi* **»**, *Tè Bwa, Glo* nous projette dans les préoccupations urgentes du social

Le titre *Tè Bwa, Glo, de* cette exposition évoque la devise de l'association écologiste ASSAUPAMAR : « Tè, bwa, dlo ». Cette intertextualité avec le discours écologiste martiniquais témoigne de l'engagement d'artiste de Patricia Donatien, mais aussi de son implication dans le champ social.

La réflexion dans laquelle *Tè Bwa, Glo* nous plonge, nous conduit à un constat dramatique. La parole du chantre de la négritude est d'une actualité tragique aujourd'hui en pleine *Décennie Internationale des Personnes d'Ascendance Africaine* (2015-2024), le cadre d'action mis en place par les Nations Unies pour inviter leurs membres à œuvrer en faveur des personnes d'ascendance africaines dans trois directions : Reconnaissance, Justice et Développement[67].

---

[67] O.N.U. Une Décennie consacrée aux personnes d'ascendance africainehttps://www.un.org/fr/events/africandescentdecade/

O.N.U. Programme d'activités relatives à la Décennie internationale des personnes d'ascendance africaine https://www.un.org/fr/events/africandescentdecade/plan-action.shtml

https://undocs.org/fr/A/RES/69/16

Sur la terre même d'Aimé Césaire, qui demeure une terre où la ségrégation raciale est soutenue et entretenue par l'État français, des personnes d'ascendance africaine sont victimes de crimes racistes non reconnus, se voient dénier l'accès à la justice et sont sujettes à des injustices économiques. (Plaintes contre les responsables de l'empoisonnement non instruites, interdiction de pêche sans indemnisation, non-application du principe pollueur-payeur en vigueur dans la vraie France). Pire, ceux qui réclament reconnaissance, justice et réparation subissent une répression qui témoigne de la collusion entre les principaux bénéficiaires du crime d'esclavagisation des Africains, l'État français et les Békés.

Le traitement par la France de l'empoisonnement au Chloredécone des Martiniquais et des Guadeloupéens que dénonce *Tè Bwa, Glo* relève bien de la violence exceptionnelle en terre coloniale qui s'appuie sur la conception qu'il existe une humanité européenne blanche supérieure qui a des droits, et les autres dont l'humanité est mise en débat. C'est cette exceptionnalité permanente, que dénonçait Aimé Césaire dans *Discours sur le colonialisme,* [68] qui a permis la déportation massive et génocidaire de l'Africain, pendant plusieurs siècles, dont celui dit « des lumières ». C'est cette même exceptionnalité permanente qui a prévalu dans les décisions prises et renouvelées, en toute connaissance du danger, d'exposer Martiniquais et Guadeloupéens au chlordécone. Cette violence exceptionnelle permanente, du point de vue des droits humains, est pratiquée par ceux qui ont pensé et qui continuent à penser aujourd'hui qu'il n'y a pas une seule humanité et que les personnes d'ascendance africaine ne relèvent pas de la même humanité qu'eux.

La survenue de cette violence chimique dans l'exceptionnalité raciste coloniale (on s'en fout c'est que des nègres) a été

[68]Césaire, Aimé. *Discours sur le colonialisme : suivi de Discours sur la négritude*. Présence africaine, 1955.

possible à cause de l'incomplétude du devoir de mémoire et de la réparation des personnes d'ascendance africaine, qui ne leur a pas permis d'échapper à la répétition d'actes qui leur sont préjudiciables. En effet, puisque les auteurs et bénéficiaires des crimes de déportation et d'esclavagisation n'ont pas reconnu leurs actes, n'ont pas présenté d'excuses, n'ont pas réparé le préjudice causé, les garanties de **non-répétition** [69] **d'actes préjudiciables** à leurs victimes, propres au processus de réparation[70] n'ont pas été mises en place.

Tè Bwa, Glo s'insurge contre l'inertie de la grande majorité de la population, abasourdie par ce qui lui arrive, mais dont l'absence de réaction témoigne également de cette incomplétude du devoir de mémoire et de la réparation des personnes d'ascendance africaine et d'une conscience historique lacunaire, produite par

---

[69]IX. Réparation du préjudice subi

18. Conformément à la législation interne et au droit international, et compte tenu des circonstances de chaque cas, il devrait être assuré aux victimes de violations flagrantes du droit international des droits de l'homme et de violations graves du droit international humanitaire, selon qu'il convient et de manière proportionnée à la gravité de la violation et aux circonstances de chaque cas, une réparation pleine et effective, comme l'énoncent les principes 19 à 23, notamment sous les formes suivantes : restitution, indemnisation, réadaptation, satisfaction et **garanties de non-répétition**.

Principes fondamentaux et directives concernant le droit à un recours et à réparation Résolution adoptée par l'Assemblée générale le 16 décembre 2005 - 60/147.

[70] Voir Résolution adoptée par l'Assemblée générale le 16 décembre 2005 - 60/147. Principes fondamentaux et directives concernant le droit à un recours et à réparation des victimes de violations flagrantes du droit international des droits de l'homme et de violations graves du droit international humanitaire.

https://undocs.org/pdf?symbol=fr/A/RES/60/147

une éducation institutionnelle eurocentrée et la promotion d'une culture consumériste.

Face à cette inertie, l'interpellation poignante du triptyque « Jénosid » constitue une prise de position très forte sur la gravité de la situation de la Martinique dont la population est selon l'artiste menacée de disparition. En choisissant cette dénomination Patricia Donatien croise le fer avec ceux qui face à cette situation catastrophique se complaisent dans des discours et arguments techniques et spécieux cherchant à euphémiser la gravité des choses ou à dédouaner les auteurs ou bénéficiaires de l'empoisonnement : *« corrélation non établie scientifiquement », « pas de lien direct scientifiquement établi », « autorisations obtenues par un lobbying légal » « on ne peut pas parler de génocide, car selon la définition… il faut que les actes soient commis dans l'intention de détruire, en tout ou en partie, un groupe…* Génocide ! affirme ce triptyque répondant à ceux qu'Aimé Césaire désignait comme des manieurs de charabia et des obscursisseurs.

> *Et balaie-moi tous les obscurcisseurs, tous les inventeurs de subterfuges, tous les charlatans mystificateurs, tous les manieurs de charabia. Et n'essaie pas de savoir si ces messieurs sont personnellement de bonne ou de mauvaise foi [...] l'essentiel étant que leur très aléatoire bonne foi subjective n'est sans rapport aucun avec la portée objective et sociale de la mauvaise besogne qu'ils font de chiens de garde du colonialisme*[71].

Au-delà de l'émotion « Jénosid » invite à la réflexion sur le caractère concerté de l'empoisonnement. Comment plusieurs décennies de concertations, de stratégies, de recherche de moyens dérogatoires pour utiliser cette molécule dont la dangerosité était connue pourraient-elles ne pas relever de ce qui

---

[71]. Césaire, Aimé. *Discours sur le colonialisme,* 38-39.

est intentionnel ? Il s'agit bien d'une « soumission intentionnelle » des Martiniquais et Guadeloupéens « à des conditions d'existence devant entraîner [leur] destruction physique totale ou partielle ». Il s'agit bien « d'atteinte grave à l'intégrité physique ou mentale de membres du groupe », deux des crimes figurant dans la définition du génocide établie par l'O.N. U dans la convention de 1948. Ainsi les Martiniquais ont été victimes de deux des crimes figurant dans cette définition du génocide, mais ces crimes ne seraient pas éligibles à la qualification de génocide parce qu'ils n'auraient pas été commis dans l'intention de les détruire.

« Jénosid » nous incite à balayer ces nuances si régulièrement mobilisées par les obscurcisseurs, les inventeurs de subterfuges, les charlatans mystificateurs, les manieurs de charabia qui, toujours dans une « très aléatoire bonne foi subjective », s'attellent à la mauvaise besogne d'euphémiser les crimes coloniaux racistes.

Leurs objections sont d'ailleurs facilement invalidées, car la définition de la notion de génocide n'est ni figée, ni définitive, elle est même en débat. En effet, si l'on s'en tient à la conception propre au 20e siècle qui ne reconnait que quatre génocides « on s'aperçoit alors que le mot « génocide » recouvre une énumération[72] et ne connaît pas de définition »[73]. (Le génocide

---

[72] Convention pour la prévention et la répression du crime de génocide assemblée générale des Nations Unies 1948.

Dans la présente Convention le génocide s'entend de l'un quelconque des actes ci-après, commis dans l'intention de détruire, en tout ou en partie, un groupe national, ethnique, racial ou religieux, comme tel :

a) Meurtre de membres du groupe ;

b) Atteinte grave à l'intégrité physique ou mentale de membres du groupe ;

c) Soumission intentionnelle du groupe à des conditions d'existence devant entraîner sa destruction physique totale ou partielle ;

des Arméniens par le gouvernement Jeunes Turcs, celui des Juifs par l'Allemagne nazie, celui qui s'est déroulé au Cambodge, perpétré par les Khmers rouges et celui des Rwandais Tutsi par les Rwandais Hutu)[74].

De plus, « dès lors que nous ne nous en tenons pas au XXe siècle, nous sommes contraints de donner au génocide une seconde définition [...] qui insiste sur l'extermination effective »[75] nous affirme Ninon Grangé. Cette dernière précise que « l'essence d'un génocide, en tant qu'événement historique, est bien l'extermination ». Elle ajoute que l'on distingue parfois l'intention d'extermination et l'extermination stratégique. Cette extermination stratégique est souvent présente dans les cas de génocides coloniaux[76].

Ainsi, aujourd'hui, pour apprécier le caractère génocidaire d'une extermination, « la distinction par l'intention n'apparaît pas déterminante ». En effet, en particulier dans le contexte de la

---

d) Mesures visant à entraver les naissances au sein du groupe ;

e) Transfert forcé d'enfants du groupe à un autre groupe.

[73]**Ninon** GRANGÉ, « Les génocides et l'état de guerre », *Astérion* [En ligne], 6 | 2009, mis en ligne le 03 avril 2009, consulté le 30 décembre 2019. URL : http://journals.openedition.org/asterion/1511 ; DOI : 10.4000/asterion.1511

[74]**Ninon** GRANGÉ, « Les génocides et l'état de guerre », *Astérion*.

[75]**Ninon** GRANGÉ, « Les génocides et l'état de guerre », *Astérion*.

[76]Sur l'idée de génocide colonial : « [...] au XIXe siècle les populations conquises sont réputées dépourvues d'organisation politique, habitant des terres vierges politiquement qu'il est permis de s'approprier – c'est la différence entre la conquête et la colonisation – de sorte que l'État s'estime déjà chez lui, a priori autorisé à s'installer là où il n'y aurait que vacuité du pouvoir. Les terres à coloniser, de ce seul fait, sont déjà appropriées en imagination avant d'être effectivement conquises, occupées, administrées. **Ninon** GRANGÉ, « Les génocides et l'état de guerre », *Astérion*.

colonisation, l'extermination d'un groupe peut être un objectif secondaire dans la conquête d'un territoire[77].

Si nous examinons quelques situations non reconnues comme génocides à ce jour au moyen de la *Convention pour la prévention et la répression du crime de génocide* de 1948, sans recourir au critère, désormais invalidé, de « l'intention première d'exterminer un groupe ou un peuple », la traite de l'Africain constitue bien un génocide, car elle en produit le résultat, « la destruction physique partielle » des Peuples d'Afrique de l'Ouest[78] ainsi qu'une « atteinte grave à l'intégrité physique ou mentale » de leurs membres ».

De même, les conditions de vie sur les plantations esclavagistes de la Caraïbe constituent bien celles d'un génocide des Africains, car elles consistent en la « soumission intentionnelle du groupe à des conditions d'existence devant entraîner sa destruction physique totale ou partielle » (extraordinaire mortalité causée par le travail du lever du soleil au coucher du soleil). Cette soumission intentionnelle s'articule avec « l'atteinte grave à l'intégrité physique ou mentale des membres du groupe » que constitue le dispositif de torture de l'Africain à son arrivée dans la Caraïbe, désigné par le terme « créolisation ». Ainsi, rendre l'Africain apte au travail sur la plantation consistait à commettre un certain nombre de crimes figurant dans la liste des crimes de génocide. Créoliser l'Africain consistait à en faire un esclave, au terme d'un traitement qui consistait à « détruire en tout ou en partie, un groupe national, ethnique, racial ou religieux ».

---

[77]L'intention politique d'exterminer un groupe en tant que groupe est absente, elle n'est pas programmatique et constitutive des démarcations politiques, elle peut être une stratégie extrême de conquête d'un territoire ou un but secondaire. **Ninon** GRANGÉ, « Les génocides et l'état de guerre », *Astérion*.

[78]Environ 12 millions de déportés.

Pour une redéfinition postcoloniale du génocide

Cette réflexion à laquelle nous contraint ce triptyque « Jénosid » nous offre l'opportunité d'une redéfinition postcoloniale du génocide. Ainsi proposons-nous que l'on considère comme génocide, les crimes définis par la convention ONU de 1948, qui sont le produit d'*une convergence des moyens et pratiques mis en place par un État, un groupe dominant ou des groupes dominants où sous leur responsabilité, et qui produit un résultat génocidaire* relevant d'une extermination.

Considérant que la Martinique perd annuellement (dans cadre d'une action organisée) plusieurs milliers de jeunes, que la fertilité des Martiniquais est impactée par l'empoisonnement au chlordécone, que de nombreuses personnes meurent de divers cancers en augmentation exponentielle, que l'eau et la terre ont été empoisonnées, et qu'une immigration ethnique d'État est organisée vers ce pays (voir le génocide par substitution de Kanaky) comment ne pas lire la situation martiniquaise comme étant celle d'un génocide c'est-à-dire, le produit d'*une convergence des moyens et pratiques mis en place par un groupe dominant ou des groupes dominants où sous leur responsabilité qui* soumettent intentionnellement les Martiniquais à des conditions d'existence devant entraîner leur destruction physique totale ou partielle et *portent* une « atteinte grave à leur intégrité physique ou mentale ?

Tè Bwa, Glo intervient donc dans le débat social du moment, faisant œuvre de devoir de mémoire, dans le prolongement de la réflexion sur la mémoire à laquelle nous invitait déjà l'exposition *Soul Amère* de 2013[79]. Artiste et critique engagée, théoricienne de l'art professeure des universités, Patricia Donatien met aujourd'hui les savoirs savants et populaires, construits et affinés

---

[79]Donatien Patricia, *Soul Amère :* exposition de peintures & installations, Galerie Arsenec Atrium, Fort de France, Février 2013.

pendant plusieurs décennies (depuis Africobra[80]), au service du peuple, de son peuple qu'elle somme de réagir.

---

[80]Donatien-Yssa, Patricia. *Africobra : esthétique et idéologie de l'expression plastique noire américaine : wall of respect*. Diss. Université de Lille III, ANRT, 1995.

Voir également : Donatien-Yssa, Patricia. *L'exorcisme de la blès*. Éditions Le Manuscrit, 2007.

Donatien, Patricia, *L'art caribéen, le penser pour le dire : Réflexions autour de la littérature, des arts visuels, de la musique et de la danse*, Éditions L'Harmattan, 2018.

Trois exemples de victimes de discrimination raciale en lutte pour le respect de leur humanité et de leur peuple : « justice et réparations »

Quelles réparations pour « les discriminés de Renault » après la décision du Comité pour l'élimination de la discrimination raciale de l'ONU ?

Par Joby Valente

(source Laurent Gabaroum)

Présidente du Mouvement pour une Nouvelle Humanité

Vice présidente du Collectif des Filles et Fils d'Africains Déportés

La Convention internationale sur l'élimination de toutes les formes de discrimination raciale de l'ONU (CERD) oblige les États parties à éliminer toutes les formes de discrimination raciale et à promouvoir l'entente entre les races. Elle définit la discrimination raciale comme « *toute distinction, exclusion, restriction ou préférence fondée sur la race, la couleur, l'ascendance ou l'origine nationale ou ethnique, qui a pour but ou pour effet de détruire ou de compromettre la reconnaissance, la jouissance ou l'exercice, dans des conditions d'égalité, des droits de l'homme et des libertés fondamentales dans les domaines politique, économique, social et culturel ou dans tout autre domaine de la vie publique* ».

Depuis les années 2000, s'estimant victimes de violation de leurs droits consacrés par la Convention, notamment en matière de réparations, des salariés de la société Renault ont saisi le Comité pour l'élimination de la discrimination raciale de l'ONU.

Les requêtes de Monsieur Lucien Stanislas BRELEUR et de Monsieur Daniel KOTOR.

Monsieur Lucien Stanislas BRELEUR est Français d'origine martiniquaise.

À son entrée dans l'entreprise en 1971, il exerçait en qualité d'électricien automobile.

À son départ pour la retraite, le 1er décembre 2003, il avait alors la qualification d'employé de service technique, catégorie supérieure.

Quant à Monsieur Daniel KOTOR, il est Français d'origine togolaise.

Embauché en 1971 en qualité de mécanicien automobile et lorsqu'il a fait valoir ses droits à la retraite, en février 2004, il assumait les fonctions de chef de magasin qualifié, statut agent de maîtrise.

Tout au long de leur activité, ces derniers ont souffert d'une importante discrimination dans l'évolution de leurs carrières professionnelles respectives.

C'est dans ce contexte que par acte du 20 mars 2003 ils ont saisi le conseil de prud'hommes de Boulogne-Billancourt, aux fins de se voir repositionner dans les coefficients qui auraient dû être les leurs et d'obtenir le versement de dommages et intérêts.

Par un arrêt partiellement infirmatif du 2 avril 2008, la Cour d'appel de Versailles a fait droit à leurs demandes aux motifs que la société Renault ne rapportait pas la preuve qui lui incombait que la différence de traitement entre Messieurs BRELEUR et KOTOR et les salariés placés dans une situation comparable était « *justifiée par des éléments objectifs étrangers à toute discrimination fondée sur l'appartenance ou la non-appartenance, vraie ou supposée, à une ethnie, une nation ou une race* ».

Par conséquent, infirmant partiellement le jugement en date du 12 décembre 2005 et statuant à nouveau, la Cour d'appel de Versailles a :

- condamné la société Renault à payer à Monsieur BRELEUR les sommes de 80 000 euros en réparation de son préjudice matériel et de carrière et 8 000 euros en réparation de son préjudice moral.
- condamné la société Renault à payer à Monsieur KOTOR les sommes de 60 000 euros en réparation de son préjudice matériel et de carrière et de 8 000 euros en réparation de son préjudice moral.

La Cour d'appel a confirmé, pour le surplus, les dispositions du jugement entrepris et, y ajoutant, a :

- ordonné le repositionnement de Monsieur BRELEUR au coefficient 260 de 1985 à 1989, puis 285 de 1990 à 1999, puis au coefficient 305 de 2000 jusqu'à son départ à la retraite en décembre 2003.
- ordonné le repositionnement de Monsieur KOTOR au coefficient 260 de 1985 à 1989, puis 285 de 1990 à 1999, puis coefficient 305 de 2000 jusqu'à son départ à la retraite en février 2004.

C'est dire que la Cour d'appel de Versailles avait entendu leur accorder cumulativement, à titre de réparation, un repositionnement dans la situation qui aurait dû être la leur, ainsi que des dommages et intérêts.

S'il devait en aller autrement, on peinerait dès lors à comprendre pour quelles raisons la Cour d'appel de Versailles ne se fut pas purement et simplement contentée d'allouer à Monsieur BRELEUR et Monsieur KOTOR des dommages et intérêts.

Force est cependant de reconnaître qu'en l'espèce, la Cour a pris soin d'ajouter que Monsieur BRELEUR et Monsieur KOTOR devaient être repositionnés, ce qui participait du plus strict respect du principe de la réparation intégrale.

La société Renault a cru pouvoir n'exécuter l'arrêt que partiellement, en se bornant à verser à Monsieur BRELEUR et Monsieur KOTOR les sommes qui leur avaient été respectivement allouées par la Cour d'appel, sans les repositionner selon les coefficients retenus par l'arrêt.

C'est dans ces conditions que par acte du 28 novembre 2008, Monsieur BRELEUR, et à Monsieur KOTOR ont été contraints de saisir le juge de l'exécution de Nanterre, aux fins qu'il ordonne à la société Renault de leur délivrer un certificat de travail conforme au repositionnement prononcé par la Cour d'appel de Versailles.

Par jugement en date du 17 mars 2009, le juge de l'exécution s'est déclaré incompétent.

Par arrêt du 6 mai 2010, la Cour d'appel de Versailles a confirmé le jugement en toutes ses dispositions.

Face au réel préjudice subi par Monsieur BRELEUR et Monsieur KOTOR dans le calcul de leurs droits à la retraite, du fait de l'inexécution par la société Renault de son obligation de repositionnement, ces derniers l'ont assignée devant le juge de l'exécution de Versailles par acte du 22 juin 2011 aux fins de voir ordonner que l'obligation de les repositionner soit assortie d'une astreinte de 1 000 euros par jour de retard.

Par jugement du 25 octobre 2011, le juge de l'exécution du tribunal de grande instance de Versailles s'est déclaré incompétent au profit du juge de l'exécution de Nanterre.

Par jugement rendu le 3 juillet 2012, le juge de l'exécution de Nanterre a débouté Monsieur BRELEUR et Monsieur KOTOR de leurs demandes, aux motifs qu'elles se seraient heurtées à l'autorité de la chose jugée par l'arrêt rendu le 2 avril 2008 par la Cour d'appel de Versailles.

Monsieur BRELEUR et Monsieur KOTOR ont interjeté appel de cette décision.

Par arrêt en date du 5 septembre 2013, la Cour d'appel de Versailles a confirmé en toutes ses dispositions par le jugement entrepris et a déclaré irrecevable la demande tendant à voir assortir d'une astreinte l'obligation de repositionnement.

La Cour d'appel a, en outre, renvoyé Monsieur BRELEUR et Monsieur KOTOR à se pourvoir devant toute juridiction compétente sur le fond, aux motifs que « l'autorité de la chose jugée ne pourrait être opposée à une demande de production de pièces des intéressés ».

Messieurs BRELEUR et KOTOR se sont pourvus en cassation.

Le 04 décembre 2014, la 2e chambre civile de la Cour de cassation a cassé cet arrêt, au visa des articles L213-6 et L131-1 du Code des procédures civiles d'exécution.

Statuant après renvoi de cassation, la Cour d'appel de Versailles a, par un arrêt du 24 septembre 2015, infirmé le jugement du juge de l'exécution du 03 juillet 2012.

Statuant à nouveau, elle a d'abord déclaré recevable la demande présentée par Messieurs BRELEUR et KOTOR tendant à voir assortir d'une astreinte l'obligation de repositionnement ordonnée par le précédent arrêt de la Cour d'appel de VERSAILLES en date du 02 avril 2008.

Mais elle a toutefois rejeté leur demande sur le fond au motif notamment que la Cour d'appel aurait réparé l'entier préjudice du salarié par la seule allocation de dommages-intérêts, lesquels incluraient les conséquences du repositionnement de Messieurs BRELEUR et KOTOR.

Messieurs BRELEUR et KOTOR se sont pourvus en cassation contre cette décision.

Par un arrêt du 1er décembre 2016, la 2e chambre civile de la Cour de cassation a rejeté le pourvoi au visa des dispositions de l'article 1014 du Code de Procédure civile qui l'autorise à statuer sans motiver sa décision lorsqu'elle estime que le ou les moyens de cassation invoqués au soutien du pourvoi ne sont manifestement pas de nature à entrainer la cassation.

La France ayant ratifié la Convention Internationale sur l'élimination de toutes les formes de discrimination raciale est tenue de la respecter et de la faire respecter.

Pour mémoire, la discrimination dont ont été victimes Messieurs BRELEUR et KOTOR, fondée sur leur appartenance à une ethnie, une nation ou une race a été reconnue par un arrêt définitif ayant l'autorité de la chose jugée, rendu le 02 avril 2008 par la Cour d'appel de Versailles.

Il sera rappelé que la société Renault a subi, en 1945, une « nationalisation sanction » pour collaboration avec l'Allemagne nazie devenant la Régie Nationale des Usines Renault. Devenue une Société Anonyme en 1990, l'État français détenait 80% du capital jusqu'en 1996. Ilest aujourd'hui l'actionnaire de référence.

L'État français doit donc répondre de la discrimination raciale subie par Messieurs BRELEUR et KOTOR dès lors qu'il n'a pas fait respecter par la société Renault la Convention Internationale sur l'élimination de toutes les formes de discrimination raciale qu'il a signée et ratifiée alors même qu'il est de notoriété publique que des pratiques discriminatoires sont légion à l'égard des salariés d'ascendance non européenne.

Des documents internes ont été rendus publics qui attestent de la systématisation de ces pratiques discriminatoires, notamment le système dit « ESCADRE » mettant en œuvre une « codification ethnique » des salariés structurée autour de la couleur de peau et des origines ethniques.

Ainsi peut-on lire dans une note interne que « **les Noirs sont des facteurs de tension dans l'entreprise** » que « ***les Noirs sont les travailleurs les plus difficiles à assimiler à la Société Française (…)*** ou encore que « ***les moins bons, quant au module qualité de l'adaptation au travail dans l'entreprise sont incontestablement les Africains noirs et les Algériens, Marocains, Tunisiens suivis de près par les travailleurs des DOM*** »

La tolérance par l'État français de telles pratiques discriminatoires a fortement lésé, Messieurs BRELEUR et KOTOR ce dernier ayant été traité **de « singe » et de « bougre de nègre »** par sa hiérarchie.

En 2017, après épuisement des voies de recours internes, Messieurs Stanislas Lucien BRELEUR et Daniel KOTOR ont saisi le Comité pour l'élimination de la discrimination raciale de l'ONU.

La requête de Monsieur Laurent GABAROUM

Laurent GABAROUM, Français d'origine tchadienne, est entré au service de la Régie Nationale des Usines Renault, le 15 juillet 1975, sous contrat à durée indéterminée, en qualité d'agent productif Renault, catégorie B.

Parallèlement, il poursuivait des études supérieures en droit et en économie qui devaient le conduire jusqu'à un doctorat de droit.

Les pratiques discriminatoires à l'égard de Laurent GABAROUM ont commencé dès les années 1980 lorsque ce dernier a révélé à la Régie Nationale des Usines Renault qu'il préparait un Diplôme d'Etudes Supérieures Spécialisées de Gestion, Transport et Logistique Commerciale et une thèse de doctorat en droit.

En 1985, après de douloureuses péripéties, monsieur Laurent GABAROUM a été promu cadre.

Toutefois, la société Renault, hostile à la présence de Noirs au sein de l'encadrement de l'entreprise, conteste ouvertement et publiquement à Monsieur Laurent GABAROUM la légitimité de sa nationalité française au motif que « ***La poule n'a jamais pondu d'œufs noirs*** » et organise son retour forcé en Afrique pour une reconversion aux métiers de l'agriculture afin d'aider à nourrir ses « *frères Noirs qui crèvent la faim* ».

Le 19 mars 2003, Monsieur Laurent GABAROUM a saisi le Conseil de Prud'hommes de Paris pour que soit reconnue l'existence d'une discrimination raciale dont il s'estime l'objet.

Le 11 janvier 2005, le Conseil de Prud'hommes de Paris, siégeant en départage, a condamné la société Renault à payer à Monsieur Laurent GABAROUM la somme de 120 000 € pour « ***inexécution loyale du contrat de travail*** ». Il a cependant omis de prendre en compte la dimension raciale de la discrimination ayant motivé cette « ***inexécution loyale*** ».

Monsieur Laurent GABAROUM a interjeté appel dudit jugement et sollicité la réformation intégrale de la décision déferée.

Dans son arrêt du 12 septembre 2006, la Cour d'appel de Paris a infirmé le jugement entrepris et a condamné Monsieur Laurent GABAROUM à rembourser à la société Renault les 120 000 euros.

Compte tenu de la motivation elliptique de l'arrêt du 12 septembre 2006, Monsieur Laurent GABAROUM a introduit un pourvoi en cassation.

Il sera rappelé que pour abuser de la bonne foi des juges et nier avec succès l'absence de toute discrimination raciale à l'égard de Monsieur Laurent GABAROUM, la société Renault a ***noirci, par photocopieur, les photos des***

Cadres blancs qu'elle a présentés à la Cour d'appel de Paris comme étant des Cadres noirs.

Par décision non motivée du 22 septembre 2011, la Cour de cassation a rejeté le pourvoi sans expliquer les raisons objectives pour lesquelles il n'aurait pas été admis.

Le 19 mars 2012, Monsieur Laurent GABAROUM a introduit une requête devant le Comité pour l'élimination de la discrimination raciale de l'ONU.

Le 10 mai 2016, dans sa décision rendue au visa de l'article 14 de la Convention, le Comité pour l'élimination de la discrimination raciale de l'ONU a conclu que « ***les faits dont il est saisi font apparaître une violation par l'État partie des articles 2 et 6 de la convention*** ».

Par courrier du 18 août 2016, Monsieur Laurent GABAROUM a exprimé au Comité pour l'élimination de la discrimination raciale de l'ONU le principe fondamental concernant le droit à réparation des victimes flagrantes du droit international des droits de l'homme en matière de discrimination raciale.

Par courrier en date du 12 septembre 2016, Monsieur Laurent GABAROUM a communiqué la décision du Comité pour l'élimination de la discrimination raciale de l'ONU à la Cour d'appel de Versailles et à la société Renault en leur indiquant que « ***En application des dispositions de la résolution 60/147 du 16 décembre 2005 de l'Assemblée Générale de l'ONU, la décision du Comité des droits de l'homme de l'ONU confère à Monsieur GABAROUM un***

droit à réparation pour le préjudice résultant de la violation des articles 2 et 6 de la Convention de l'ONU ce qui rend sans objet la poursuite de la procédure d'appel ».

La volonté de la société Renault de s'affranchir de l'obligation de réparation intégrale du préjudice

En effet, l'article L.1132-4 du Code du travail instaure un principe de nullité de toutes les mesures discriminatoires, qui implique, par conséquent, d'attribuer au salarié victime de discrimination l'avantage ou la situation qui aurait dû lui revenir.

La jurisprudence considère ainsi logiquement que la réparation de la discrimination « **oblige à placer celui qui l'a subie dans une situation où il se serait trouvé si le comportement dommageable n'avait pas eu lieu** » (Soc. 23 novembre 2005, Bull. V, n° 332 ; voir également pour une hypothèse où le salarié était fondé à se voir reclasser dans le coefficient de rémunération qu'il aurait atteint en l'absence de discrimination, Soc. 28 septembre 2011, n° 10-14.662).

À cet égard, **la Haute juridiction rappelle avec constance que le repositionnement des salariés fait partie intégrante de la réparation intégrale** (Soc. 23 novembre 2005, Bull. n° 332), « *qu'après avoir reconnu l'existence d'une discrimination dans le déroulement de la carrière du salarié* », les juges du fond doivent, « en se référant à la classification des emplois prévue dans l'entreprise décider d'un reclassement de l'intéressé » (Soc. 24 février 2004, n° 01-46.499).

La nécessité de réparer intégralement les dommages subis par le salarié ne saurait ainsi se réduire au seul versement de dommages et intérêts, mais doit conduire au reclassement du salarié victime de discrimination, sans que sa mise à la retraite ne fasse obstacle à son repositionnement (Soc. 30 juin 2011, n° 09-71.538).

Il appartient dès lors aux juges du fond de rechercher à quelle classification serait parvenu le salarié s'il avait bénéficié d'un déroulement normal de carrière et d'ordonner, à titre de réparation, son repositionnement à cette classification (Soc. 14 mars 2012, n° 11-11.308 ; Soc. 20 mars 2013, n° 11-27.432).

Et il n'est pas douteux que le repositionnement du salarié, venant s'ajouter au versement de dommages et intérêts, implique nécessairement que lui soient délivrés des certificats de travail et bulletins de paie rectifiés conformément à la situation dans laquelle il a été replacé au titre de la réparation intégrale de la discrimination subie.

Ces principes ont pourtant été totalement perdus de vue au préjudice de Messieurs BRELEUR et KOTOR.

Dans la même veine, la société Renault a multiplié les interprétations spécieuses de la décision du Comité pour l'élimination de la discrimination raciale de l'ONU excluant ainsi toute application des dispositions de la résolution

60/147 du 16 décembre 2005 de l'Assemblée Générale de l'ONU conférant à Monsieur Laurent GABAROUM un droit à réparation pour le préjudice résultant de la violation des articles 2 et 6 de la Convention de l'ONU.

Face à cette situation inédite, des initiatives sont actuellement en cours afin de permettre aux victimes des pratiques discriminatoires de la société Renault d'être honorées de leurs droits à réparation.

Postface : Appel du MIR à tous les descendants d'Africains déportés et à tous les Africains du continent

L'analyse des textes publiés dans ce livre démontre que la Réparation doit d'abord s'inscrire dans une vision de libération de la Pensée et de l'Homme qui implique une vaste entreprise de restructuration de l'Humain déshumanisé et asservi, dans sa dimension spirituelle et dans sa dignité d'être humain.

Elle doit être un outil au service de la libération totale et de l'épanouissement des peuples dominés, prédatés par l'Occident qui s'est arrogé le droit de leur nier leur humanité.

Pour nos peuples, la réparation est donc fondamentale pour retrouver la liberté vraie, c'est-à-dire la liberté de l'esprit, celle de pouvoir énoncer une pensée qui soit le plus possible, le fruit d'une délibération intérieure exempte d'aliénation.

Le temps est venu d'en finir avec ce déni de réalité de nos peuples qui ont trop longtemps refusé de voir les graves conséquences des crimes qui ont duré plusieurs siècles.

Les Européens qui aujourd'hui tentent de les minimiser, ne peuvent plus gommer des relents de culpabilité et de responsabilité qui les ont amenés à reconnaître officiellement ces crimes, tout en continuant d'adopter des attitudes agressives face aux peuples noirs qui en sont les victimes.

Les descendants d'Africains déportés et les Africains du continent, qui trop longtemps ont ménagé l'Europe du fait de leur situation de dépendance économique, ne peuvent néanmoins oublier que c'est bien cette Europe qui est à l'origine de la situation dramatique qu'ils vivent.

Le temps est venu pour que nous parlions D'UNE SEULE VOIX ET EXIGIONS AU NOM DE L'HUMANITÉ, que l'occident répare les crimes contre l'humanité commis à l'encontre de nos peuples.

La restauration d'une Humanité réconciliée avec elle-même passe par une réparation totale, intégrale et globale.

C'est pourquoi, nous appelons TOUS LES AFRICAINS D'AFRIQUE ET DE LA DIASPORA A SE JOINDRE A L'ACTION EN RÉPARATION DU MIR en agissant tant à titre personnel, qu'en qualité d'ayant droit des victimes des deux crimes dans les nouvelles procédures que nous allons mettre en place afin de parvenir à l'instauration de cette nécessaire réparation, gage de la réconciliation et de l'épanouissement de tous les peuples.

Le Mouvement international pour les Réparations

Présentation du MIR

Mouvement International pour les Réparations

Créé par des personnes d'ascendance africaine du Continent et de la Diaspora, le Mouvement International pour les Réparations a notamment initié depuis 2001 les « convois pour les réparations » (Konvwa pou reparasyon) en Martinique, Guadeloupe et en Guyane en collaboration avec des intervenants de pays voisins (CIPN de Guadeloupe...) et soutenu le Mouvement pour les réparations de la Réunion porté par les enfants déportés.

Les membres du MIR ont participé à de nombreuses conférences internationales dans les Amériques et sur le continent africain en vue de faire avancer la question des Réparations dans les différentes instances internationales (ONU, UNESCO, CARICOM, UA...)

Depuis 2018, le MIR a initié des Konvwa pou reparasyon en Afrique. Le premier a eu lieu en avril 2018 au Sénégal et le deuxième au Bénin en août 2019. Ces konvwa ont pour rôle de réconcilier les enfants de la diaspora avec la terre Kama et de verser au débat des Africains du continent la question des réparations. Cette reconnexion a donné lieu à la création du MIR Sénégal en mai 2019.

Le Mouvement international pour les Réparations (MIR) est un mouvement anti-impérialiste, écologiste et opposé à toutes les discriminations. Il adhère au principe retenu à la Conférence Mondiale Contre le Racisme de Durban (2001) à savoir, dans tout combat, priorité à la « voix des victimes ». Le MIR fait écho à l'adoption de la loi Taubira (2001) et est la première organisation à avoir porté plainte contre l'État français en appelant à des réparations pour l'esclavage, en mai 2005. Le MIR promeut le concept des **trois « R » (Reconnaissance, Réparations et Réconciliation**), qui sont définies comme suit :

Reconnaissance : Le monde occidental doit reconnaître la dette historique qu'il a envers les peuples africains et d'une manière générale, envers tous les peuples qui ont été asservis. La République française a déjà fait un premier pas (loi Taubira). Mais il reste beaucoup à faire... **Réparations** : Cette dette doit être payée, d'une manière ou d'une autre, par le biais d'un travail de reconstruction et par l'indemnisation des victimes et des filles et fils des victimes.

Réconciliation : Ensemble avancer dans le même sens, sans oublier le passé.

Livres du MIR

23 MAI 2005

Première assignation d'un État colonial en Réparation

Édition du MIR

10 MAI 2011

Commémoration nationale française MÉMOIRE DE LA TRAITE NÉGRIÈRE DE L'ESCLAVAGE ET DE LEURS ABOLITIONS

MIR Publication

Milton Keynes UK
Ingram Content Group UK Ltd.
UKHW021141231023
431175UK00016B/1128

9 782490 931095